AF379554

Jean Claude Combessie
     Seminario sobre Investigación Educativa e Innovación (1998: Bogotá) Investigación educativa e innovación: un aporte a la transformación escolar / Memorias del Seminario; Jean Claude Combessie ... «et al.». – Santa Fe de Bogotá: Cooperativa Editorial Magisterio, 1998.
     222 p.;– (Colección mesa redonda; 72)
     ISBN 958-20-0450-9
     1. Educación - Investigaciones - Congresos, conferencias, etc. 2. Innovaciones educativas - Congresos, conferencias, etc. I. Combessie, Jean Claude II. Tít. III. Serie
     370.78 cd 19 ed.
     AGH9682

Jean Claude Combessie - Silvio Sánchez Gamboa
Hugo Cerda Gutiérrez - Néstor Bravo Salinas
Myrian Henao Willes - Sara Victoria Alvarado
Héctor Fabio Ospina

Investigación Educativa e Innovación

Un aporte a la transformación escolar

—Memorias—

cooperativa editorial
MAGISTERIO

Colección Mesa Redonda

INVESTIGACIÓN EDUCATIVA E INNOVACIÓN
Un aporte a la transformación escolar

©   *Jean Claude Combessie - Silvio Sánchez Gamboa*
Hugo Cerda Gutiérrez - Néstor Bravo Salinas
Myrian Henao Willes - Sara Victoria Alvarado
Héctor Fabio Ospina

Libro ISBN: 978-958-20-0450-7

Primera edición: 1998
Segunda edición: 2008

©   *COOPERATIVA EDITORIAL MAGISTERIO*
Diag. 36 Bis *(Parkway La Soledad)* Nº 20-70 PBX: 3383605
Bogotá, D.C., Colombia.
www.magisterio.com.co

Dirección General
ALFREDO AYARZA BASTIDAS

Dirección Editorial
ILSE PATRICIA SÁNCHEZ R.

Composición
ARTE JOVEN
Calle 134 Bis Nº 17-89. Tel.: 2169196
Bogotá, D.C., Colombia.

Impresión:

CONTENIDO

Presentación

Suponiendo que la tendencia del mundo es la "desmateria-lización" de los procesos producidos, en relación con la disminución de la utilización de energía, recursos naturales y gastos pecuniarios; se hace explícito que en el mundo actual y en el que se avecina con el nuevo milenio, descansar sobre dos pilares o capitales, el capital económico y el capital cultural, siendo el segundo vislumbrado con avidez para acompañar al primero con el objeto de solidificar el poder.

Tal es el caso que han dado en denominar como "el incremento de la incorporación de conocimiento e información disponible" que actuaría sobre los procesos de trabajo y además relaciones sociales, manifiestos de un lado, en las construcciones de los edificios inteligentes y de otro, en la concentración del capital cultural técnico, como es el caso de la tecnocracia, que actúa como ente en la conservación y herencia del poder.

Ante las distribuciones de estos capitales, el capital cultural del cual nos ocupamos, por encontrarnos en el campo de la educación, nos sugiere los siguientes interrogantes:

¿Cómo sería nuestra participación en la distribución de este capital?, ¿de qué estrategias nos dotaríamos para obtener un mejor provecho?, y por lo tanto, ¿cuánto esperamos capitalizar?

Parece ser que las respuestas a estos interrogantes son iguales en un número a las posibilidades de cada uno, así como la claridad y solidaridad de los interesados por conseguir parte de este capital y es en el mundo de la educación a través de las instituciones, las políticas y por intermedio de sus agentes más importantes: los maestros y estudiantes, los directivos responsables de la apropiación y distribución de esta riqueza.

Indudablemente la estrategia para lograr las mayores ventajas de esta distribución con la cual se recortarían las distancias con los demás capitales, es la investigación e innovación en la misma educación.

Por lo tanto, debemos cada día alistarnos ante este desafío, preparándonos en el desarrollo humano integral que equilibre la tolerancia y de cuenta de la equidad. Para tal efecto en la educación se hace necesario promover el debate y la reflexión sobre la investigación en este campo como estrategia para el cambio pedagógico y táctica para recuperar la parte que nos corresponde de dicho capital cultural.

En este contexto la *Corporación MAGISTERIO* y la *Universidad El Bosque* en cabeza de su *Centro de investigación de la facultad de Educación* (CIFEB) quieren contribuir con este proceso y para ello han organizado el seminario "Investigación Educativa e Innovación", cuyo objetivo es el de abrir un espacio que permita en encuentro de los diferentes miembros de la comunidad académica internacional y nacional con respecto a la problemática educativa y al sentido de la investigación en educación.

Amaneceremos con el nuevo siglo y veremos cuánto capital cultural nos pertenece para distribuirlo en las próximas generaciones.

Álvaro Moreno Durán. Coordinador CIFEB

INVESTIGACIÓN E INNOVACIÓN EDUCATIVA. ENFOQUES INVESTIGATIVOS: UN ENFOQUE CULTURAL

JEAN CLAUDE COMBESSIE

Normalista superior. Doctor en Sociología de la Universidad de París VIII. Ha sido Director del Consejo en Organización y Conducción de Innovaciones Tecnológicas en Sociales de la Universidad de Picardie. Director de formación doctoral en modos de vida y política social. Universidad de París VIII. Responsable del programa de Formación "Banlieue Ville Lien Social". Universidad de París VIII. Coopera con la Universidad Nacional de Colombia y la Universidad de París VIII. Ha participado en eventos nacionales e internacionales. Es presidente de la comisión de especialistas de Sociología de la Universidad de París VIII. Ha participado en coloquios sobre innovación pedagógica, currículo y pedagogía en México. Director del centro de psociología de la educación y cultura, centro fundado por Pierre Bondieu.

Las connotaciones sociales de la palabra cultura son fundamentalmente positivas: hablar de cultura, es hablar de dignidad. La historia lo atestigua con perseverancia, y se puede verificar tanto en los usos sociales más cotidianos como en los medios de comunicación o en las ciencias sociales y humanas. Por cierto, la escuela está en el centro de un dispositivo propiamente cultural y, en la división social del trabajo, la palabra cultura es el emblema de la dignidad, como valor social, de la legitimidad de los hombres y mujeres "cultos", la palabra de su tribu.

Un estudio de los usos sociales (y sabios) de la palabra cultura muestra, sin embargo, enfoques contradictorios: un enfoque globalizante, holístico, que pone el acento en la comunidad cultural, y un enfoque que resalta el aspecto jerárquico, mostrando relaciones inequitativas de dominación cultural. Las disputas oponen a los partidarios de uno y otro enfoque. Que se trate de imposición o de resistencia cultural, estas dos acepciones del término cultura son, no obstante, componentes estructurales indisociables del trabajo de legitimación cultural. Ellas definen lo que se podría denominar como "el doble juego" de la acción cultural.

Estudiar cómo opera este trabajo es tanto más necesario, debido a que el investigador es, él mismo, producto de una cultura y se encuentra implicado en ella. ¿Cómo entonces puede él tomar conciencia de los "anteojos culturales" que lleva sobre la nariz, tomar distancia de la cultura en la que se encuentra inmerso?

Esta toma de distancia, esta objetivación, supone un conocimiento de los modos de imposición de la legitimidad cultural: de los efectos culturales de los términos emblema, de la construcción social de la excelencia propiamente cultural y de la manera como las culturas dominantes tratan las formas culturales dominadas.

De todo ello, se pueden deducir los objetivos y los métodos de objetivación prioritarios para una investigación. Definida como investigación sobre las relaciones interculturales, esta tendría necesariamente por objeto la manera como la cultura de la que uno mismo es portador, se sitúa en relación a otras formas culturales (un socioanálisis para el conocimiento del otro). El dispositivo de investigación se apoyaría, para contrarrestarlas, en el conocimiento de los modos de imposición de las legitimidades culturales: un dispositivo diversificado para recoger imágenes socialmente diferenciadas de las relaciones con la cultura, una prioridad metodológica para el estudio de las formas dominantes y legítimas, del doble juego cultural y de la construcción social de las relaciones interculturales.

Tratándose de investigaciones en ciencias de la educación, las recomposiciones culturales más recientes muestran lo que la renovación de la cuestión escolar debe a las transformaciones sociales que afectan el significado y la función de la escuela: aquí debe subrayarse el doble movimiento de devaluación y de sacralización que dramatiza el recorrido escolar y la transformación de la función educativa de la escuela, en relación con la de las modalidades de inserción social de los alumnos. Estas son pistas para posibles investigaciones.

¿ENFOQUES INVESTIGATIVOS: UN ENFOQUE CULTURAL?

SUMARIO

I. LA DIGNIDAD CULTURAL

A. Un amplio y noble término

    1. Una larga historia
    2. Una legitimidad a toda prueba
    3. El emblema de la tribu

III. Recomposiciones culturales alrededor de la escuela

A. La legitimidad escolar cuestionada

    1. Devaluación y sacralización
    2. La escuela dramatizada

B. Cultura escolar e inserción social

    1. El tiempo en el que el niño trabajaba
    2. El tiempo en el que el niño iba a trabajar
    3. La cuestión de la inserción

C. La renovación de la cuestión escolar

    1. Permanencias estructurales
    2. Una cultura recompuesta
    3. Direcciones de investigación

Enfoques investigativos: un enfoque cultural

La epistemología y los métodos no son disociables de los propósitos de la investigación. Se tratará entonces, aquí, de pensar en algunas implicaciones epistemológicas y metodológicas relacionadas con un enfoque en términos de cultura.

I. La cultura como dignidad

A. Un amplio y noble término

1. Una larga historia

La palabra cultura es un término amplio: es de esos términos a la vez familiares (corrientes) y que han pasado, a su vez, al vocabulario de las ciencias sociales y humanas. Tan familiar es que tiene un *status* de evidencia muy anclado en las ciencias humanas y sociales; por ello, en las teorías más generales de ambas disciplinas, difícilmente se pueden establecer sus límites.

2. Una legitimidad a toda prueba

Sin embargo, al vocablo cultura lo caracteriza el hecho de que se anuncia como portador de valores positivos; se trata de un término emblemático en el cual la legitimidad parece estar al amparo de las pruebas del tiempo, que ellas sean de las más elevadas, aquellas en nombre de las cuales uno se enfrenta, o bien formen parte de otras que se clasifican como modos menores (cultura adolescente), no cambia el problema. La Cultura está ligada a los avances más espectaculares de las ciencias sociales y a los combates emprendidos en nombre de la civilización y de la humanidad. Para denunciar la abyección del régimen nazi y sus crímenes contra la humanidad, los historiadores recuerdan y citan la tristemente célebre frase, de Goebbels: "cuando oigo la palabra 'cultura', saco mi revólver".

3. El emblema de la tribu

Este punto común procede, en gran parte, del hecho de que el término corresponde a la imagen de los valores más específicos de los grupos sociales que se pueden llamar cultos, aquellos que, en una acepción amplia, llamaremos "los intelectuales": educadores, investigadores, escritores, miembros de profesiones liberales... En la división social del trabajo, ellos se inscriben en los niveles medios y superiores de la estratificación social, pero ocupan una posición dominada con respecto a los poderes económicos y políticos. La dimensión "cultural" tiene una autonomía relativa en relación con los otros poderes; las elites cultas son, sin duda, cercanas al poder económico y político, pero no lo ejercen como tal (sino a la manera del "consejero del príncipe" como decía Maquiavelo).

La fuerza de esta posición –y también su debilidad– se articula alrededor de la defensa y valorización de los valores propiamente culturales, así como de sus instituciones; en este sentido es que la palabra cultura representa "el emblema de la tribu". La nobleza del término se origina en el hecho de que los "intelectuales" a menudo se han enfrontado a través de grupos militantes, a las fuerzas políticas establecidas en defensa de sus propios valores: los de la "cultura" primero, y, también, los de la "civilización" lo cual es, como lo muestra la historia de las dos nociones, una formulación más política. La principal ambigüedad estructural del término cultura procede del hecho de que los combates por ella son, también, combates por la defensa y valorización de las posiciones, relativamente dominantes, de los hombres y mujeres "cultos".

Pero las luchas emprendidas en nombre de la cultura y a propósito de ella, también remiten a competencias internas del "campo cultural". Agentes y actores que ocupan posiciones diferentes se oponen y luchan por la legitimidad de sus prácticas; así, por ejemplo, sucede con las tensiones recurrentes entre los practicantes de la acción cultural los intelectuales situados en la "Torre de Marfil"; lo mismo pasa con los conflictos intergeneracionales.

B. ¿Contradicciones o doble juego?

Bajo el estandarte de la cultura, los usos del término revelan un campo de significaciones tan vasto que uno no podría hacer un censo de todas las acepciones. Nos limitaremos a evocar una oposición que nos parece central: de una disciplina a otra o en el seno de una misma disciplina. Dicha oposición da cuenta de usos tan diferentes, incluso tan opuestos, que parecen irreconciliables, o al menos parecen no poder ser analizados más que como relevantes de una estructura polarizada de las relaciones de legitimidad cultural.

1. Un concepto holístico

Análogo al término sociedad, el término cultura sirve para designar una formación social en su conjunto, la *totalidad*. De ahí proviene el concepto holístico. Los antropólogos hablan de "culturas indígenas" y los sociólogos que se han denominado "culturalistas" hablan de "culturas nacionales".

De este concepto holístico se puede decir, en primer lugar, lo que Esopo decía de la lengua: "es la mejor y la peor de las cosas", y esto por razones simétricas e inversas. Si uno toma como ejemplo el uso del término cultura en antropología, éste aparece marcado por la relación colonial en la cual se han encontrado comprometidos investigadores y hombres de acción; la descripción y el análisis de lo que se llama "cultura indígena" muestra, a menudo, las marcas de un etnocentrismo inconsciente: son entendidas como culturas "salvajes" y cercanas a la naturaleza, situadas en una posición de retraso, con relación a una inevitable evolución de las cosas y, por ese hecho, definidas negativamente dado su déficit de "modernidad". Pero, también, es en nombre de la cultura que se ensayan rehabilitaciones de la imagen indígena; así sucede con Claude Lévi-Strauss, quien, conservando una definición holística, pero

17

insistiendo sobre su aspecto de conjunto estructurado, habla de las culturas como "sistemas de representación, de pensamiento y de acción" y titula una de sus obras *El pensamiento salvaje* para resaltar que, contra lo que sugieren muchas de las descripciones de la cultura indígena, los que llaman "salvajes" tienen un pensamiento. Así mismo, recientes corrientes de rehabilitación de los indígenas –frecuentemente animadas por ellos mismos–, se organizan en nombre de su "cultura": en este caso, la investigación es búsqueda de identidad, defensa de la imagen de sí mismo, en fin, colectividad y "comunidad" de cultura.

Estos usos diferenciados muestran que sólo mediante el análisis del término cultura no se pueden encontrar guías suficientes para la investigación.

2. Jerarquías culturales

Varias corrientes de la sociología crítica han recordado que este concepto holístico conducía a postular una "homogeneidad cultural" y a desconocer los fenómenos internos de dominación y poder que atraviesan toda sociedad y todo grupo social. En las sociedades "modernas" desarrolladas, primero, y en las sociedades más tradicionales, después, dichos fenómenos han mostrado que existen formas culturales dominantes, "culturas legítimas" y otras que se encuentran subordinadas a las primeras, es decir, ocupan la posición de formas culturales descalificadas. Poe ejemplo las prácticas culturales legítimas, como son el teatro, la opera, la música clásica, se oponen a otras que, como la cría de los pájaros en cautiverio, la jardinería, el *bricolage* y el mantenimiento constante de motos, no son siquiera consideradas como prácticas culturales. En todo caso, no se dice que quienes las practican son, "personas cultas" en esa materia.

Así mismo, se observa que las prácticas cultas son las de los sectores altos de una sociedad; las otras son las prácticas de las clases populares. La misma oposición se detecta, según la edad (prácticas infantiles o prácticas de ancianos contra prácticas de la edad adulta) o según los géneros o, aun según los *status* individuales y nacionales (cultura de América del Norte "moderna" contra culturas retrasadas). Los sistemas de oposición que caracterizan estos modos de dominación conducen, en ocasiones, a hablar de culturas dominantes, tratándolas como "ideologías dominantes": "las ideologías dominantes" son las de las clases dominantes.

3. La investigación cuestionada

La sociología de la cultura recuerda que cada grupo social puede ser definido por su cultura (cultura de origen, de género, de oficio o profesión); que el grupo participa de esa cultura al mismo tiempo que la hace vivir. La primera pregunta para un enfoque cultural de la investigación es la de saber cómo un investigador inmerso, sumergido como él está en un medio cultural, puede ejercer un control sobre la cultura de la que participa. Dicho de otra manera: ¿cómo trabajar la relación entre él mismo, a la vez sujeto de la acción y sujeto cognoscente, y su "herencia cultural"?

La pregunta no puede tener respuestas satisfactorias: la constatación sobre la que se apoyan las teorías de la cultura en las ciencias sociales muestra que todos los puntos de vista, todas las representaciones, llevan la marca de "los medios" socioculturales, de aquellos que son los portadores de dichas culturas. Y aun cuando se trata de procedimientos científicos, no pueden hacerse excepciones: los "paradigmas" de los investigadores llevan la marca de las condiciones sociales de su producción, y en un mismo campo de la "producción científica", los trabajos de cada grupo de investigadores pueden ser sometidos al mismo análisis y producir la misma conclusión.

La cuestión es todavía más difícil cuando la investigación se refiere a la escuela, es decir, a un lugar estrictamente instituido como lugar de cultura, con su propia organización, sus criterios explícitos de juicio, de representación acerca de lo que está bien y mal, de lo bueno y lo malo, con una deontología profesional, con un conjunto normativo de derechos y deberes...

Puede decirse que la investigación que emprenden sobre la escuela aquellos que son sus principales actores, es un tipo-ideal en el sentido weberiano del término, del "double bind" cultural; particularmente cuando es investigación aplicada, trata de las "causas del éxito escolar desigual" (y especialmente del fracaso escolar), a pesar de que se sabe de antemano que se va a encontrar siempre entre sus principales causas, las "diferencias" entre la "cultura" de los medios sociales de origen y la "cultura" que demanda la escuela. Que no se trate de un "determinismo", que los estudios estadísticos que fundamentan esta constatación no muestran de manera concluyente más que "probabilidades desiguales" y que la experiencia del pedagogo (o de los padres) atestiguan todos los días que no hay dos niños, dos alumnos similares, no le resta ninguna fuerza a la constatación de "la desigualdad de oportunidades" según los medios culturales de origen. Y la escuela transforma en "veredicto escolar" esas diferencias de origen. La buena voluntad cultural que empuja al investigador, y al profesor a emprender esta investigación que, permanentemente, lo devolverá a su "impotencia" para anular los efectos de las desigualdades culturales, es ella misma un elemento de la "cultura del educador", una marca de la "vocación" o una expresión de su "conciencia profesional". Pero que esta situación se presente a imagen de la historia de Sísifo, ese héroe condenado a izar eternamente en la cima de una pendiente una pesada roca que siempre cae en la base de la montaña, no significa que no se deba emprender nada. El docente está condenado a ser atormentado por la pregunta de lo que hace cuando ejerce su oficio y así como Sísifo sin descanso eleva su roca, el profesor trabaja sin descanso para "elevar el nivel" de su clase y, como el personaje mitológico griego, lo logra.

Lo que puede aportar la investigación es un mejor conocimiento de los modos de acción propiamente culturales, de su omnipresencia, de su eficacia específica y de sus límites.

II. La cultura como obstáculo

El primer objetivo es tratar de "ver" o "entrever" cómo actúan las culturas más legítimas; cómo, a la manera de anteojos, éstas "hacen ver las cosas": las colorean, las agrandan, las vuelven borrosas. No es imposible, pero ello supone que se deja de emplear los anteojos únicamente como dispositivos para "ver mejor", y que se indaga sobre lo que impiden ver y sobre lo que deforman. Entonces, un requisito para una investigación en términos culturales es identificar la construcción social de la realidad que realizan los "anteojos culturales". Para este fin, uno se puede apoyar en los conocimientos que se tienen ya sobre las formas culturales dominantes.

A. La objetivación

1. Los efectos culturales de los términos emblemáticos

Los términos emblemáticos son esos términos de uso corriente, cargados de valoraciones, a la vez referidas al conocimiento (se originan en el discurso mediático, así como provienen de discursos sabios y "científicos" o son retomados por estos); y también están referidos a la acción (definen "problemas" éticos, políticos y sociales): "el fracaso", "la exclusión", "la crisis", la "cultura"... Se considera que deben dar cuenta de *la experiencia* y de *lo vivido* (de los alumnos, de las familias, de los profesores...) y son maneras de nombrar, de categorizar y de predefinir los interrogantes de la investigación.

Mientras más amplia es la categoría, mientras más abstracta (cultura holística), –más tiende a imponerse como evidencia y más funciona como categoría inmediata de percepción, como marco intelectual y emocional, como principio para guiar las acciones (pedagógicas y de investigación, especialmente). En otros términos, más se presenta como "sistema de representación del pensamiento y de la acción", definición de la cultura, según Claude Levi-Strauss.

–También, la categoría es polisémica pues tiende a reunir y a confundir situaciones históricas y sociales muy diferentes, bajo la máscara de una definición y de un valor ahistórico.

Luchar contra los términos emblemáticos es, primero, tomarlos "a contra corriente", identificando las diferencias (las culturales, especialmente) que ocultan tras su máscara, y lo que estas deben a una historia y a unos contextos específicos. Además hay que escuchar y facilitar la expresión de puntos de vista diferentes y, en lo posible, de los puntos de vista dominados y opuestos.

2. De la inmersión cultural al obstáculo cultural

Para el investigador, se trata de pasar de una situación " de inmersión cultural" a la construcción de la cultura como obstáculo. El investigador y el pedagogo hacen parte de esa cultura que ha producido la noción misma de cultura; ésta es un marco para el conocimiento: piensan a través de ella; ella también es un marco para "la inmovilización de los conocimientos" para un pensamiento repetitivo, convertido en hábito. Ciertamente, no pueden deshacerse, ni abstraerse de ella para acceder a un conocimiento "puro", ella es su inconsciente. Pero pueden tratar de apoyarse en ella para conocer las "manifestaciones", los efectos propios de ella. El problema que plantea ese punto de apoyo es como el punto de apoyo de Arquímedes ("Dadme un punto de apoyo y os levantaré el mundo), no puede estar por fuera del mundo cultural del investigador. Pero una analogía con las artes marciales recuerda que uno puede apoyarse en el movimiento del adversario para desestabilizarlo... Es necesario tratar su propia cultura como si fuese el adversario, es decir, como un "obstáculo-punto de apoyo", y para ello es necesario:

– Identificar el obstáculo: una atención constante que es, a la vez, atención a sí mismo y al objeto de estudio externo a uno mismo.

– Identificarlo como producto cultural, es decir, como sistema de representación del pensamiento y la acción; la atención debe ser tanto más grande dado que la representación tiende a imponerse como evidencia; ésta debe ser tratada como expresión de una cultura dominante: la "duda metódica" es un requisito.

– Identificarlo como uno de los posibles puntos de vista sobre el mundo; sobre el *objeto de la investigación*.

B. La construcción de la excelencia propiamente cultural

Las formas culturales dominantes más legítimas, más valorizadas, son también las más elaboradas, las más estructuradas, las más sabias: éstas tienen "especialistas" para elaborarlas, para defenderlas, para valorizarlas, (y, particularmente, especialistas intelectuales, expertos, sabios). De ello se derivan dos consecuencias:

1. La construcción ideológica de la cultura

La elaboración de las representaciones en materia de cultura y de cultura legítima se origina en el trabajo ideológico, en el sentido de que proviene de una sistematización, de un ordenamiento coherente, de una trabajo de defensa e ilustración de las legitimidades. Aun cuando revela elementos conflictivos, la gestión del conflicto comporta una competencia de "modelos elaborados" de legitimidad cultural. La diferencia con las acepciones corrientes del término ideología es que éste se aplica a problemas claramente políticos. Los interrogantes culturales se definen como no políticos, pero se debe plantear la hipótesis de que son dispositivos "políticos sin que se les llame así".

2. Una construcción social elaborada en los polos dominantes

La distinción entre lo que es "cultural" y lo que no lo es, constituye una construcción social elaborada en los polos dominantes; a la vez, porque ella se inscribe en una división especializada de saberes, de organizaciones –ministerios, institutos, museos, bibliotecas, etc.– y, así mismo, porque de manera amplia se inscribe en campos de competencia y rivalidad con otras esferas: cultura *versus* economía, *versus* política, versus finanzas, etc. Los intelectuales, los investigadores, los profesores, no se inscriben como tales en el campo de la producción económica ni en el político. Por el hecho de su relación con el campo político y económico, que son dominantes, las ideologías en materia de cultura no son más que "seudo-ideologías". En los polos dominados, el mismo proceso de descalificación de las actividades (definición por ausencia e ilegitimidad de las prácticas) contribuye a una visión de "indiferencia", a una nebulosa, a una ausencia de marco teórico preestablecido. Es el campo donde las prácticas tienden a presentarse como "fenómenos sociales totales". Dicha lectura puede provenir de análisis económicos en los que se trata a esas prácticas en términos de recreación, marginalidad, delincuencia, religión, política o cultura.

C. Cómo tratan las culturas dominantes al "otro"

1. Las culturas dominantes tratan las otras culturas, como "ausentes de cultura"; las definen por lo que ellas no tienen, por sus carencias: no cultas, ignorantes, incoherentes, "bárbaras", las que no tienen un lenguaje articulado, las que dicen "Brr Brr..."

2. Las culturas dominantes no le reconocen "al otro" más que modos de "existencia" inferiores –son moralmente, inferiores: son inmorales (violentos, crueles, incapaces de esfuerzo y de perseverancia)–; intelectualmente inferiores: "bestias, ignorantes, incoherentes", "violentos, caprichosos, inconstantes", porque ellos no se comportan según la razón, sino guiados por los afectos, las pasiones, las emociones, las cóleras. Como niños o como bestias. Naturalizados: esto a diferentes niveles, que pueden ir desde la analogía con los reinos inferiores de la naturaleza hasta las lecturas en términos "de instintos", de pulsiones, de afectos, de emociones (niveles inferiores de humanidad) o, en términos de cualidades "naturales" innatas; poniendo entre paréntesis la cuestión de las construcciones sociales y culturales de los comportamientos para desarrollar, más bien, enfoques biologizantes o psicologizantes.

El proceso de conocer las formas de descalificación permite obtener información sobre las principales culturas en las que se generan los valores de las representaciones dominantes. Lo negativo revela lo positivo.

D. Consecuencias para la investigación

1. Doble juego cultural y doble reto para la investigación.

Cuando se habla de cultura, no se trata de "elegir" entre el enfoque holístico (la cultura del pobre, la obrera, la popular) y el enfoque de las formas culturalmente dominantes. Una definición holística no es más que la aceptación de una supremacía cultural socialmente exitosa: una cultura que no pone en duda ni su dignidad ni su excelencia cultural. No se deben olvidar ni la dominación cultural, que se realiza a la vez, por imposición jerárquica y por universalización de modelos, ni el hecho de que para las culturas dominadas (subordinadas o menos legítimas), la aculturación y la resistencia pasan por una movilización cultural que pone en juego relaciones jerárquicas internas de los grupos y una imagen del grupo como tal, como un "todo".

2. Un enfoque intercultural

De lo anterior se desprende que la investigación se convierte en un estudio de las relaciones interculturales: entre culturas llamadas nacionales o étnicas; pero, también, entre culturas de clases, culturas de género y de grupos de edad, culturas familiares, culturas de barrio, culturas de pueblo... Todas ellas deben estudiarse en sus relaciones con la cultura escolar.

3. La construcción social de las relaciones interculturales

Contra la tentativa cultural de mostrarse o de definirse como una excelencia fundamentada en la naturaleza (naturalizado, sobrenaturalizado, universalizado), es necesario, cuando ello es posible, privilegiar un enfoque en términos de construcción social de las relaciones interculturales; es decir: una construcción social que no sea exclusivamente cultural (la cultura es un producto social que pone en juego relaciones económicas, políticas, jerárquicas, en fin, formas de poder que no son reducibles a la dimensión cultural) y una construcción social a través de una(s) historia(s).

4. Una prioridad metodológica del estudio de las formas dominantes y legítimas, así como de las formas más instituidas (las instituciones culturales), más elaboradas (teorías, discursos y textos) y de los grupos que son sus agentes y sus actores. En particular, si el investigador "pertenece" a la institución y "participa" de la cultura que se propone estudiar. Un "socioanálisis cultural" comienza por el estudio de los marcos sociales de su propia cultura.

5. Un dispositivo diversificado de conceptualización y de métodos. Tomar nota del hecho de que las relaciones culturales son prioritariamente definidas y estructuradas por formas culturales y grupos culturales dominantes, que esas formas son las más elaboradas y que esta relación tiende a producir la inferioridad y la indignidad cultural de los otros. El estudio de la cultura del otro debe encon-

trar herramientas de lectura diferentes de las que proponen las formas dominantes. Para ello, es necesario no limitar el estudio de las relaciones interculturales al de los elementos culturales valorizados por la cultura dominante (sus instituciones, sus definiciones de excelencia...). También se debe aplicar un dispositivo de observación diversificado: en un estudio realizado únicamente sobre tareas escolares, se debe tener conciencia de que se están estudiando productos "culturales" y que se trata de una relación intercultural; si la tarea es un elemento central de referencia de la "cultura escolar", no es así en cuanto a la cultura del niño, y mucho menos cuando su medio es extraño a las formas legítimas de la cultura escolar. Para estudiar la cultura de los "excluidos de la escuela", es necesario hacerlo en otros lugares y bajo otros aspectos (menos escritos, menos verbales, por el contrario, más prácticos). Lo que supone un dispositivo amplio y diversificado de investigación.

Es a este ultimo punto al que daremos ahora un desarrollo particular.

III. Recomendaciones culturales alrededor de la escuela

Contra el sociocentrismo de las investigaciones polarizadas sobre la escuela es necesario recordar que el lugar del saber escolar con relación a la vida activa determina su *estatus* (c.f. B. Charlot), el cual debe estudiar la articulación de la escuela en el contexto cultural más amplio de la inserción profesional y social de los niños.

A. La legitimidad escolar cuestionada

1. Devaluación y sacralización

Doble movimiento ligado a la conjunción de dos fenómenos: una masificación del aprendizaje (que es, en este sentido, una democratización) y una ramificación de los empleos y de los puestos de trabajo. De lo que resulta a la vez: una "devaluación casi mecánica" del nivel medio de rentabilidad social de los diplomas: esta devaluación significa, primero, que la prolongación del tiempo de escolaridad y la elevación del nivel del diploma no son siempre suficientes para garantizar lo que garantizaba anteriormente un nivel más bajo de diploma: ser "un sin diploma" es una "condena" porque ello "estigmatiza"; una polarización tendencial del rendimiento social: el mismo contexto de crisis empuja, a las empresas, a buscar (y a pagar ampliamente) a los que llevan la marca de la excelencia escolar, ciertamente no de forma indiferenciada (las formaciones en algunas disciplinas son más solicitadas por sus contenidos) pero cada vez más visiblemente, a causa de las "capacidades" que manifiestan sus logros, y en particular, de las capacidades para enfrentar situaciones de urgencia y para movilizar o reconvertir las competencias adquiridas. La correspondencia entre contenido-técnica de la formación y naturaleza del puesto de trabajo, se ha reafirmado (las ofertas de empleo son, cada vez más, puntualmente definidas), pero a ello se ha adicionado una nueva atención por las condiciones de empleabilidad, que "simboliza" el nivel de excelencia alcanzado en buenas instituciones. Esto es un signo de salvación.

2- La escuela dramatizada

Esta sacralización de la escuela, espacio-tiempo de salvación o de condena, no es nueva, pero ahora es dramatizada (en el sentido más clásico de la palabra) por la normalización de una extenso período de escolarización: "la exclusión" vale una condena; por las condiciones exacerbadas de la competencia; por el hecho de que la competencia opone, durante un largo tiempo en la escuela, a fracciones sociales cada ves más "diferentes"; por el ingreso cada vez más masivo en algunos niveles de la escolaridad (niveles primarios, secundarios y aun universitarios) de poblaciones procedentes de familias que no tenían experiencia de escolarización (en todo caso, no en esos niveles).

Dramatizada, puesto que el recorrido escolar es, cada vez más, trágico; esta vez, en el sentido, de la tragedia clásica donde acontece la puesta en escena de un destino, ya que lo que llaman "fracaso escolar" aparece como algo cada vez menos reparable; el "éxito" inicial tampoco es garantía, pero el fracaso precoz instala en la escuela misma y, por un tiempo mayor, trayectorias desesperadas, "perdidos con anticipación"; los profesores de la escuela tradicional entregan saberes cuyos efectos sobre las trayectorias sociales son, cada vez, más diferidos, cada vez menos perceptibles, y donde se instala entonces una distancia entre el veredicto escolar (sus criterios, la validez de sus sentencias) y su reconocimiento social y profesional. Los profesores, actores de esta tragedia, pueden ser embargados cada vez más frecuentemente por sentimientos conflictuales de urgencia y de impotencia, y de dudas sobre la pertinencia de su quehacer, sobre la quehacer de los criterios más académicos del juicio de los profesores, sobre la "cultura escolar" de la cual ellos son los "sacerdotes".

B. Cultura escolar e inserción social

1. El tiempo en el que el niño inmerso en la actividad agrícola, comercial o artesanal, trabajaba. Espacio-tiempo imbricado, sin separación entre medio de vida y medio de trabajo, entre vida privada y vida profesional, entre educación, formación y trabajo. La educación es menos apropiación de contenidos intelectuales, que aprendizaje del dominio de sí mismo y de la relación con los otros. La formación es irreductible a una construcción de competencias;

implica un dominio de la actividad y una apropiación de las normas sociales y de los valores que la rigen: ésta es entonces, también, educación. Educación y formación no se distinguen casi, sino en los raros momentos en los que se ejerce una acción de inculcación específica: catequesis, alfabetización, veladas...

2. El tiempo en el que el niño iba a trabajar. Desde el momento en que el dominio de la actividad profesional implica saberes que no tienen curso en la vida cotidiana, se produce una disociación del espacio-tiempo de la educación y, por ende, entre lo privado y lo profesional, entre la identidad profesional y la identidad familiar: la familia se concentra en las relaciones afectivas, se desprofesionaliza; la empresa se convierte en el lugar de la profesionalización, de la vida llamada "activa"; entre la actividad y el saber: la escuela construye los aprendizajes de base e inculca valores; en el seno de la empresa se organiza una formación para el trabajo, repartida entre formación "empírica" y formación especializada de mayor nivel.

3. El tiempo de la inserción. No se trata ya para el adolescente de ir al trabajo, sino de encontrar un puesto de trabajo en un mercado competitivo: la escuela aparece como uno de los elementos de un espacio-tiempo ampliado y diversificado para la "preparación para el trabajo". "El joven" no puede esperar encontrar trabajo, si no tiene una "experiencia profesional", es decir, alguna práctica de métodos y de dispositivos de trabajo.

La adaptación al mundo del trabajo ya no es asumida por la empresa, sino por dispositivos públicos o privados que proponen pasantías (períodos de prácticas) y formaciones, o es asumida por el mismo joven. La frontera entre lo privado y lo profesional se difumina, también la existente entre la escuela, la familia y la profesionalización: se desarrollan las cooperaciones inter-institucionales (enseñanza inicial, representación de los padres en la escuela, formaciones profesionalizantes...). Las posibilidades de lo que se denomina "inserción" aparecen, cada vez más, ligadas a un conjunto de aprendizajes desarrollados en diversas redes (familiares, escolares y profesionales), donde se juega una capacidad de inserción, tanto social como profesional. Son "cualidades biográficas" (percibidas como "personales" y "sociales" que tienden cada vez más a definir "la empleabilidad". La escuela tiende a convertirse más en un espacio-tiempo de pre-posicionamiento en la jerarquía social, que de aprendizaje de saberes teóricos y prácticos.

Si se tienen en cuenta las tendencias generales, que se observan en particular en las poblaciones menos favorecidas escolarmente, pueden extraerse cuatro tendencias, que parecen decisivas: el diploma tiende a convertirse en un recurso, y no es ya una garantía, el recurso debe ser movilizable; la experiencia profesional requerida es ciertamente una experiencia de métodos y dispositivos de trabajo, pero más allá de ello, es la demostración de una "empleabilidad", entendida como capacidad de mostrar que uno puede entrar en algunas formas relacionales y asumir una identidad profesional, vivida como exigencia de "compromiso personal con la empresa"; la identidad del joven ya no es producida por las figuras identificatorias discernibles en el medio familiar y escolar, sino que ella debe ser construida por el mismo joven y parece muy ligada a las características biográficas: personales, psicológicas, y aun "étnicas". En este sentido, la identidad es la traducción de la tendencia general a la gestión "individualizada" de la fuerza de trabajo (formación, progresión en la carrera profesional, remuneración...). El problema planteado por la inserción no es ya articular espacios disociados ni encontrar su lugar en el rompecabezas, sino construirse como sujeto de trabajo, en un espacio fluido y en un tiempo precario.

C. La renovación de la cuestión escolar

1. Permanencias estructurales: la formulación de la cuestión escolar, en términos de adecuación entre formación y "necesidades sociales" es consustancial a la creación de la escuela obligatoria. Dicha formulación tiene un fundamento estructural: la separación del espacio-tiempo de la formación/educación y el del trabajo; esos espacios desarticulados, como las instituciones que los soportan, tienen una autonomía relativa que impide su sincronización y se sabe que el tiempo de la formación es un tiempo más largo que el de las necesidades de la economía: el desface está inscrito en la autonomización de las estructuras, el debate de "la inadecuación de la formación" que otorga la escuela es tan viejo como la escuela misma y la anticipación de formaciones socialmente pertinentes es percibida, a la vez, como necesaria y como imposible en el propio sentido del término.

La transmisión de saberes en la escuela, la forma escolar de los aprendizajes, es para ciertos alumnos una "aculturación", mientras que para otros supone la prolongación de las formas culturales de la educación familiar: liberadora en el sentido en que opone principios meritocráticos de promoción a las modalidades brutales y "mecánicas" de la herencia económica, la escuela reproduce, sin embargo, bajo forma de probabilidad, una estructura jerárquica sobre una base de desigualdades sociales y culturales, que ella misma transforma en veredicto escolar.

2. Una cultura recompuesta

Lo nuevo es la aceleración de las transformaciones económicas y sociales y el desarrollo, por parte de las empresas, de modelos de gestión que resalten la "reactividad", "la fluidez", la "recomposición de funciones y de empleos": modelos de una organización fluida para navegaciones a la vista; el lugar reservado a las innovaciones tecnológicas en esta transformación –revolución de las maneras de producir–; el lugar reservado en la mayor parte de los casos a los jóvenes, en esta coyuntura, en la que se combina un acceso cada vez más tardío al empleo, con el paso cada vez más frecuente por "períodos de práctica" en la empresa, como condición de acceso a contratos cada vez más precarios. Si las estadísticas muestran que las oportunidades de empleo rápido y estable aumentan paralelamente a los niveles de formación, no es menos cierto, que para la inmensa mayoría de los niños escolarizados se anuncia un tiempo de desempleo y de precaridad sin puntos de referencia, en el que prevalece el sentimiento de que es necesario, como se dice en las empresas, "navegar hacia lo que está a la vista", hacia un futuro incierto, ese que, cada vez con mayor frecuencia, se denomina "el joven" puede ser aconsejado y tutelado, pero él es, esencialmente, "el único capitán a bordo" de su tambaleante destino en un paisaje incierto.

2-   Direcciones de investigación

Para la acción y la investigación de profesores e investigadores, parecen presentarse dos direcciones privilegiadas. Ambas se fundamentan en el renacimiento de la cuestión escolar.

a. La cuestión de la inserción social y profesional: las relaciones entre los espacios-tiempo de la formación de las redes para el empleo y la construcción de la identidad en los espacios tiempo atravesados por cada quien, según su trayectoria (familia, escuela, barrio, período de prácticas, desempleo, contrato a término fijo...).

b. La cuestión del fracaso escolar: nuevas pedagogías y nuevos objetos de investigación para las nuevas relaciones con el saber escolar, tomando como tema central el de la relación con el "veredicto escolar".

La investigación educativa como estrategia de innovación

Jean Claude Combessie

Normalista superior. Doctor en Sociología de la Universidad de París VIII. Ha sido Director del Consejo en Organización y Conducción de Innovaciones Tecnológicas en Sociales de la Universidad de Picardie. Director de formación doctoral en modos de vida y política social. Universidad de París VIII. Responsable del programa de Formación "Banlieue Ville Lien Social". Universidad de París VIII. Coopera con la Universidad Nacional de Colombia y la Universidad de París VIII. Ha participado en eventos nacionales e internacionales. Es presidente de la comisión de especialistas de Sociología de la Universidad de París VIII. Ha participado en coloquios sobre innovación pedagógica, currículo y pedagogía en México. Director del centro de psocología de la educación y cultura, centro fundado por Pierre Bondieu.

La presente ponencia está centrada en las disyuntivas de la investigación sobre educación e innovación; indaga acerca de los significados y alcances de los diversos enfoques de la investigación en educación y sobre la dinámica de innovación que se puede esperar a partir de ellos. Educación e innovación son términos con una connotación positiva: se trata de ver los diferentes significados que ambos conceptos pueden tener y lo que las connotaciones pueden disimular.

Examinando las investigaciones precedentes sobre las innovaciones en materia de educación, se pueden encontrar dos áreas privilegiadas. Una y otra llevan la marca de una competencia intercultural. La primera concierne a las innovaciones *organizacionales* y muestra las apuestas de la construcción social de un sistema de valores que opone innovación y resistencia al cambio. La segunda está dedicada a los valores educativos: muestra la permanencia de una imagen positiva de la modernidad educativa y cómo la transformación de los modelos cultos de acción educativa trastornan la definición de esta modernidad, pero la sitúan todavía como figura positiva en oposición a prácticas populares consideradas como inferiores. Estos dos enfoques recuerdan hasta qué punto el investigador es tributario de sus implicaciones en las apuestas culturales y sociales, que son difíciles de controlar, pero muestran también cómo la investigación puede ayudarlo a "evaluar" lo que está en juego en la innovación y lo que disimulan sus imágenes sociales más legítimas.

Esta doble mirada debe ser mantenida cuando se trata de investigaciones aplicadas al servicio de objetivos pedagógicos de la escuela y de investigaciones realizadas en procura de innovaciones pedagógicas. Un primer conjunto de investigaciones muestra cómo se puede pasar de una representación implícita de objetivos evidentes (aprender su lección, no cometer errores de cálculo) a una reflexión más elaborada sobre los aprendizajes del saber. Estas investigaciones cuestionan la transformación de las prácticas pedagógicas, pero también las investigaciones complementarias que serían necesarias para llegar a un conocimiento más elaborado de las apuestas culturales. Otras investigaciones centradas sobre los "balances de saberes" de los alumnos ilustran hasta qué punto el dispositivo mismo de la investigación debe ser transformado para salir tanto del marco escolar como de una definición escolar autoreferencial de las formas de aprendizaje y de saber.

Dicho dispositivo debería corresponder a las transformaciones que se han operado actualmente, en cuanto al lugar del saber escolar en los procesos de inserción, a la supresión de las barreras de la investigación, a la unificación de las investigaciones sobre el período preescolar, escolar y postescolar, a la ampliación de la investigación hacia las instituciones de socialización y hacia las que preparan la inserción social. Hacia la trayectoria anterior, pero también, hacia la trayectoria posible, especialmente en un mercado de trabajo donde se redefinen las condiciones de la *empleabilidad*.

Las apuestas y las estrategias escolares deberían confrontarse con otras estrategias organizadas alrededor de otras apuestas, de otros lugares, tiempos y formas de educación, de otras modalidades de fracasos y de logros. Es importante dar un apoyo organizacional a esta dirección de la investigación que supone también ella misma una cooperación más amplia.

La investigación educativa como estrategia de innovación

Sumario

LA INVESTIGACIÓN EDUCATIVA COMO ESTRATEGIA DE INNOVACIÓN

Cuando se evoca la investigación en ciencias de la educación, como estrategia de innovación, se piensa inmediatamente en la "investigación aplicada" (o "investigación acción" o *finalized research*) y en la tensión inherente a la posición que ésta ocupa entre lo que se denomina "investigación básica" (investigación con vocación más "teórica") y las "estrategias para la acción" con finalidad "práctica".

Contra esta oposición recurrente, me gustaría primero recordar que una buena teoría se fundamenta sobre un análisis de prácticas; que una práctica innovadora renueva las representaciones del objeto de la acción y que una investigación innovadora tiene la propiedad de renovar, a la vez, el conocimiento y la práctica. La oposición se deriva entonces de la división social y jerárquica del trabajo, entre aquellos a los que se reconoce como "pensadores" y las categorías sociales subalternas de los "practicantes"; entre las "formas intelectualizadas" del trabajo y del conocimiento, y las que lo son menos. Esa definición por lo negativo muestra la subordinación cultural de éstas ultimas y una de las apuestas culturales mayores de una buena "investigación aplicada", que debe ser primero concebida como empresa de revalorización de las modalidades más prácticas del conocimiento.

En esta ponencia, distinguiré dos niveles estratégicos de investigación, sobre los que quiero mostrar la complementariedad para el conocimiento y para la acción. El primero supone un distanciamiento inicial más importante con relación a las prácticas: se trata de investigaciones sobre las representaciones sociales de la innovación. El segundo proviene más bien de la "investigación participante" que implica, ella misma, una innovación en el dispositivo educativo. Uno y otro ilustran hasta qué punto el investigador, sea o no un pedagogo, está implicado en las representaciones sociales de lo que es legítimo. Ambos constituyen enfoques que permiten la renovación de las representaciones de las apuestas educativas y de lo que se denomina innovación.

I. La innovación como objeto de investigación

Hablar de innovación es, primero, plantear la cuestión de las representaciones sociales de la innovación. El término hace parte de esas nociones que nuestra cultura carga de connotaciones positivas: en sí mismo significa "progreso". La innovación es "buena", se inscribe en una representación de tipo evolucionista en la que tienen una connotación negativa los "frenos" y las "resistencias" a la innovación, los conservadurismos, las tradiciones o los hábitos que se oponen a la buena modernidad.

Entre lo nuevo, sin embargo, todo no tiene reputación de bueno (el desempleo, las crisis...): saber lo que tiene reputación de "innovador" entre las evoluciones identificables remite a los modos de construcción social de una axiología que opone lo bueno y lo malo, y que posteriormente orienta la investigación: sus preguntas, sus dispositivos, sus conclusiones.

De allí la importancia de las investigaciones en las que el objeto propuesto es el estudio de las formas sociales más reconocidas en materia de innovación. Más precisamente evocaré las investigaciones sobre las investigaciones ya existentes en materia de innovaciones; lo que se denomina "hacer un estado del arte", que supone a la vez un inventario y un análisis crítico de ese inventario. Como se sabe, la mirada crítica debe apoyarse en una diversificación de los puntos de vista: es por esto que el inventario debe ser suficientemente amplio para poder distinguir/oponer dos espacios-tiempo, bien sea una evolución o una pluridad de espacios sociales contemporáneos.

A partir de las investigaciones anteriores sobre las innovaciones en materia de educación, se pueden extraer dos dominios privilegiados. Uno y otro permiten ver cómo las definiciones de la innovación legítima llevan la marca del contexto social de las competencias interculturales y de las luchas por la imposición y el reconocimiento de las formas legítimas de representación y de acción. Los primeros tratan, sobre todo, de innovaciones organizacionales y muestran las apuestas de la construcción social de un sistema de valores que opone innovación y resistencia al cambio. Los segundos tratan de valores educativos: muestran la permanencia de una imagen positiva de la modernidad educativa y cómo la transformación de los modelos cultos de acción educativa trastornan la definición de esta modernidad, pero situándola todavía como figura positiva, en oposición a prácticas populares consideradas como inferiores.

A. LAS INNOVACIONES ORGANIZACIONALES

En este aparte, nos concentraremos en la investigación sobre las formas de organización educativa y, particularmente, en la que se refiere a las universidades. Desde hace cerca de treinta años, se vienen desarrollando, paralelamente nuevos modelos de organización de estudios, de "currículos", y una importante corriente de investigación comparativa internacional sobre el tema. Esta supone vastos programas y financiaciones internacionales. Posiblemente dicha corriente no concierne de manera directa a quienes están hoy aquí reunidos. Por esta misma razón, quiero evocarla y, adicionalmente, ilustrar un modo de construcción social de un tema legítimo de investigación y de una problemática de la innovación. Si con anterioridad a 1950, Alemania parecía ser el modelo de referencia dominante de la buena organización de los estudios superiores, en esos años aparecen un modo de gestión más descentralizado y la figura del "departamento", como tipo-ideal de comunidad docente lograda, de referencia estadounidense. A la descentralización administrativa que éste representa, se le atribuyen virtudes de democracia y de eficacia, tanto en pedagogía como en investigación. Correlativamente, las otras formas de organizaciones tienen reputación de "tradicionales", de estar estructuradas por y para servir a un poder de tipo patronal, detentado por aquellos a los que se denomina bien sea madarines o caciques; estos personajes son las figuras que se resisten al cambio, a la modernidad, a la innovación. Con anterioridad, su lugar había sido estudiado más bien en relación con la profundización y la transmisión de los saberes; ahora lo es cada vez más frecuentemente, en términos de defensa de un poder establecido, mientras que la mirada que se hace sobre los departamentos tiende a asociarse con las virtudes "democráticas" de la institución y con la eficacia de una comunidad científica organizada como un grupo de pares.

El estudio de las condiciones políticas y sociales de este cambio ha sido delineado a grandes rasgos, pero no parece haber sido objeto de una investigación específica: ésta se inscribiría, sin embargo, en la línea de una investigación sobre las transformaciones de las "legitimidades" de la organización de los estudios y, por ese hecho, en un enfoque de las transformaciones culturales que tienen por objeto la enseñanza.

Aunque ya comienzan a hacerse, tendrían que desarrollarse también estudios comparativos sobre la manera como las "innovaciones" más espectaculares de lo que se ha llamado "la reforma" de las estructuras docentes y de investigación, modifican o no las prácticas: todo sugiere que no son las reformas de estructura las que afectan en mayor grado las relaciones entre los grupos (relaciones de poder, relaciones pedagógicas y de investigación...) y que la importancia otorgada a las apuestas de forma institucional debe situarse en otro lado. La hipótesis más fuerte es que la reforma no surte efecto sino en la medida en que las transformaciones que ella implica son adecuadas, de manera que se conserve el orden específico de las relaciones (y principalmente las relaciones de poder) al interior de las instituciones; cambiar para conservar.

Pero falta evaluar todavía la hipótesis, y es así mismo necesario evaluar el alcance exacto de las transformaciones operadas en un nivel más concreto de las relaciones que se inscriben en la vida cotidiana de los establecimientos.

B. Los modelos de la educación

Una revisión de los trabajos de ciencias humanas y sociales en lengua inglesa, consagrados a las cuestiones de la educación, muestra, en los años sesentas, un derrumbamiento espectacular de los análisis y conclusiones sobre las prácticas educativas de las clases medias y de las clases populares. Hasta ese momento, los estudios oponían, de manera recurrente, los modos de educación de las clases medias, inspirados por valores de progreso. Prueba de ello era la atención dada al seguimiento escolar de los niños: numerosas y minuciosas descripciones de las prácticas, testimoniaban de los modos de movilización familiar utilizados, para el seguimiento eficaz de los estudios, así como la manera eran contrastados con la laxitud de las clases populares. Dicha laxitud, dicha *permissiveness,* se ilustraba, a la vez, por el mínimo seguimiento de los estudios y por todo un conjunto de conductas interpretadas como permisivas (especialmente, en materia sexual), que eran atribuidas a las características de la cultura popular en su relación con el niño. El cuadro cambia por completocuando aparece una *developmental attitude* como buen modelo de las prácticas educativas: es necesario acompañar al niño en su desarrollo, en lugar de forzarlo; conviene actuar frente a él por comprensión, y no por coacción. Es posible ver lo que este nuevo modelo debe al desarrollo de las investigaciones en psicología de la educación, pero también cómo su aparición se da a la par de una recalificación de las prácticas populares que, condenadas a ocupar el polo negativo de la comparación, se designan como prácticas "autoritarias": el modo popular de seguimiento del trabajo escolar que, a falta de poder ayudar al niño sobre la base de competencias legítimas, se focaliza más bien en el cumplimiento del trabajo solicitado y en los resultados, se atribuye a un "comportamiento", a un tipo de "personalidad" autoritaria, reprensible como actitud ética y que perjudica el recorrido escolar del niño.

C. Evaluar la innovación

Estos dos enfoques recuerdan hasta qué punto el investigador es tributario de sus implicaciones en apuestas culturales y sociales difíciles de controlar.

Muestran, también, cómo un estudio retrospectivo de las investigaciones puede renovar el conocimiento en materia de innovaciones. No se trata, de saber si las innovaciones legítimas son, en sí, mejores o menos buenas que las formas descalificadas, sino de recordar que toda innovación legitimada implica descalificación de otras prácticas. Se trata, así mismo, de informar sobre las fuerzas históricas que construyen las condiciones de la acción. Si la empresa tiene éxito, asigna a las formas dominadas una condición casi exclusiva de obstáculo cultural para la realización de la buena innovación cultural. Y aunque se puede ser inducido a considerar los conocimientos que fundamentan las nuevas pedagogías "modernas" como positivos (como innovaciones de progreso), se debe tener una doble mirada sobre ellos, y debe plantearse la pregunta de las representaciones del progreso que estos conocimientos y la de las descalificaciones que implican.

Como se ve a este nivel de investigación, la evaluación de las innovaciones es posible como análisis de la construcción de modelos de acción legítima y como análisis de su participación en la descalificación de otras formas culturales. Elemento de lo que se llama "la modernización del sistema publico", la tendencia a la sistematización de la evaluación, se propone como objeto de estudio privilegiado. Abre también direcciones de investigación importantes. Si se hace un seguimiento de los análisis que hemos realizado sobre la innovación institucional, no deberían olvidarse ni el análisis de las construcciones sociales de la evaluación legítima ni el de los efectos de los procedimientos de evaluación sobre el funcionamiento de las instituciones, dimensión que remite a las investigaciones sobre las prácticas que se dan al interior de las instituciones.

II. Al servicio de los objetivos culturales de la escuela

Esta doble mirada debe mantenerse cuando se trata de investigaciones aplicadas, al servicio de los objetivos pedagógicos de la escuela y que procuran innovaciones pedagógicas en el seno de ésta. Evocando algunas orientaciones de investigación aplicada y participativa, quiero mostrar:

- Lo que la orientación de esas investigaciones, de sus preguntas, de su organización, y de sus conclusiones le deben también a la definición "escolar" del problema planteado, y a los marcos teóricos preexistentes.

- Que las orientaciones crean una dinámica de investigación innovadora en la medida en que pueden implicar, a la vez, una transformación de las prácticas pedagógicas y de nuevos y amplios proyectos de investigación.

- Que uno de sus objetivos debe ser, precisamente, el de confrontar la definición escolar del problema con otros enfoques, con otros puntos de vista, con otras problemáticas. Sobre este punto, los análisis de la evolución del sistema educativo pueden sugerir algunas prioridades.

Un primer conjunto de investigaciones muestra cómo se puede pasar de una representación implícita de objetivos evidentes

46

(aprender sus lecciones, no cometer errores de cálculo) a una reflexión más elaborada sobre los aprendizajes del saber. Estas investigaciones plantean la pregunta de la transformación de las prácticas pedagógicas, pero también la de las investigaciones complementarias que serían necesarias para pasar a un conocimiento más elaborado de las apuestas culturales, de los beneficios y de los peligros de una intelectualización de las cuestiones pedagógicas. Otro conjunto de investigaciones, centradas sobre los "balances de saberes" de los alumnos, ilustran hasta qué punto el dispositivo mismo de la investigación debe ser transformado para salir tanto del marco escolar como de una definición autoreferencial de las formas de aprendizaje y de saber.

A. El arraigo escolar de la investigación aplicada

Estos dos conjuntos de investigación tienen en común el hecho de tratar sobre lo cercano, lo próximo, sobre la cotidianidad de las prácticas escolares; sobre las modalidades vividas en las relaciones pedagógicas, a un nivel de análisis muy fino. Aunque los estudios sobre las innovaciones institucionales dejan de lado a menudo las relaciones entre las formas instituidas y las prácticas cotidianas en las relaciones de saber y de poder, es de una relación vivida en lo cotidiano de donde procede el interés de las investigaciones. Cualquiera que sea su objeto propio, puede considerarse que las dos tratan:

1. Un problema práctico. Como en toda investigación, el primer motivo toma la forma de un "problema", de un problema definido por una "dificultad", por una "insatisfacción" vivida en la práctica docente; de alguna manera, se trata de un "problema social".

2. Un problema legítimo. Esta dificultad, esta insatisfacción, es, a menudo, definida en función de las "misiones", de las "vocaciones" más oficiales de la institución y del "oficio" docente: a la misión de "enseñar" corresponden preguntas planteadas en términos de "dificultades de aprendizaje".

3. Un problema para los alumnos. Este problema pedagógico es, a menudo, planteado en términos de "dificultades de los alumnos para aprender" (y no como dificultades de los profesores para transmitir un saber) y a partir de lo que se identifica como originado por un "fracaso escolar" el cual se mide por los resultados en las diferentes "materias" de los programas escolares: "las lecciones", "el cálculo", "la ortografía"...

B. El aprendizaje cuestionado

1. Un origen sabio, una aplicación retardada

Tomaremos dos ejemplos de investigaciones sobre los aprendizajes escolares. Estos reúnen las características que hemos evocado, pero ilustran también la dialéctica entre investigación básica e investigación aplicada. En los dos casos, en efecto, la investigación aplicada aparece como una orientación proveniente de trabajos más teóricos y como la transformación de un problema originariamente práctico, en una cuestión elaborada en un marco de problematización. Los problemas prácticos son "el fracaso escolar" en dos dominios: en el de las lecciones no aprendidas y en el de los errores de cálculo. En cuanto a la problematización, esta procede de las investigaciones sobre los aprendizajes.

La investigación pedagógica aplicada aparece con un cierto retraso que señala la existencia de una distancia social instituida entre la investigación y la práctica educativa en la escuela. En sí mismo, este retraso "freno de la innovación", revela la importancia del desarrollo de la investigación en la escuela para intensificar la reflexión sobre la innovación pedagógica. Esta distancia social lleva también la marca la condición epistemológica de los objetos de investigación. En cálculo, en matemáticas, "la cuestión es verdadera o falsa". Es necesario, hacer una conversión en las representaciones, una conversión cultural para plantear que "el error de cálculo" puede ser fuente y condición para el aprendizaje del cálculo. Tratándose de la memoria y del aprendizaje de las lecciones, la práctica pedagógica, los mismos textos pedagógicos, desarrollan más bien representaciones meritocráticas (es necesario ser aplicado) y, por un sesgo psicológico o biológico (las capacidades de concentración, tener memoria o no), las palabras tienden a poner el énfasis en la naturaleza. Tendencia que se encuentra también a propósito de los errores de cálculo, que se tienden a atribuir bien sea a una distracción coyuntural o bien a una deficiencia esencializada en términos de ausencia de dotes (no ser bueno para las matemáticas).

2. Las lecciones de un dispositivo práctico de investigación y de acción

Los grupos de aprendizaje (descripción del dispositivo)

a. Una dinámica teórico-práctica

La investigación modifica el enunciado de los temas, es decir, cambia la representación del objeto de investigación.

- Reformulación del tema de los aprendizajes: aprender a aprender.
- Tipología de las memorias.

Esta abre un campo nuevo a la experimentación que incita a ampliar la dimensión comparativa de la investigación, y ello ocurre bajo varios aspectos.

- Una muestra ampliada, constitución de grupos de investigación.
- Una problemática diversificada: hipótesis sobre diferentes modalidades del aprendizaje, según la clase, el sexo, la generación.

- Un nuevo objeto: el aprendizaje escolar en relación a las otras modalidades sociales del aprendizaje: la cuestión de la expresión escrita, de los códigos lingüísticos, de la abstracción, del aprendizaje memorístico.
- Una nueva reflexión sobre las pedagogías diferenciadas del aprendizaje (otro ejemplo ya más desarrollado: la pedagogía para adultos).

C. El caso de los balances de saberes: lecciones para una descentralización

1. Objetivos y dispositivos de la investigación

a. Objetivo general

Leer "en positivo", es decir, leer "la relación con el saber", el sentido que el alumno da a lo que sabe; entender las formas específicas de racionalidad de los "procesos de aprendizaje".

b. Objetivo específico

Pedir al alumno un balance de lo que ha aprendido, solicitarle que diga dónde lo aprendió y lo que para él es importante:

Tengo... años, desde que nací aprendí cosas en casa, en el barrio, en la ciudad, en el colegio, en otros lugares. ¿Qué es importante para mí de todo esto y, ahora, qué es lo que espero?

Desde que nací, he aprendido cantidades de cosas. ¿Qué es lo que cuenta verdaderamente de todo eso y porqué?

c. Primer dispositivo

El primer dispositivo concierne a los alumnos de primero y cuarto año de los *colleges* (clases de 6 y 3, entre los 11 y 16 años). Los establecimientos han sido seleccionados: unos, en barrios periféricos muy populares; otros, en zonas residenciales de clase media. La investigación se realiza en dos tiempos: primero, redacción en la escuela de un "balance de saberes", seguida de entrevistas semidirigidas, fuera del marco escolar, con ciertos alumnos de los que han redactado el balance.

d. Segundo dispositivo

El segundo dispositivo concierne a los alumnos del primer año de educación primaria (curso preparatorio, 6 años) y consiste en entrevistas orales.

2. Las lecciones de los balances

En cualquier nivel, lo que llama la atención de los investigadores confirma sus inquietudes pedagógicas. Los investigadores son conducidos a construir tipologías comparativas dicotómicas, las cuales oponen los alumnos escolares más débiles, los de las clases menos buenas de un establecimiento, los de las zonas periféricas de las ciudades (y, particularmente, los niños adolescentes de estas zonas), a los otros. Estas categorías de alumnos tienen en común características que los distinguen de los buenos alumnos, de las buenas clases y de las escuelas y colegios de las zonas en donde domina la población de clase media.

a. En el *College:*

–El saber no está tematizado como tal.

–El saber está mediatizado por la relación con la profesora.

–Aprender es hacer "su oficio de alumno", hacer lo que le dicen a uno que haga, cumplir con los requisitos para pasar.

–Hay una relación general con el aprendizaje, no con el saber: la escuela está hecha para aprender y "hay que salir adelante lo mejor posible de esta situación".
–Los balances "enumeran" sin generar reflexión.

b. En primer año de primaria:

–Los alumnos lo esperan todo del profesor.

–Los estudiantes están centrados en el aquí y el ahora de la clase.

–Los contenidos de las tareas son descritos globalmente.

–La clase se describe por la vía de los comportamientos puntuales.

–Los alumnos tienen una imagen valorizante de sí mismos ("sabemos muchas cosas").

–La vida en el colegio consiste en un conjunto de comportamientos que deben adquirirse, de reglas que deben respetarse, de "trabajo que debe hacerse".

–"Aprender" es para los niños.

–Los temas familiares a veces "invaden" (sic.) las entrevistas.

A través de estas muestras algo desordenadas, es fácil ver la convergencia de la mayoría de los elementos de esas tipologías. Cualquiera que sean los objetivos manifiestos de los investigadores, esos elementos se leen como "inferioridades" culturales de los alumnos con dificultades de la clase popular: no tienen relación con el saber "como tal", sino una relación con las formas concretas del aprendizaje. Viven el aprendizaje en la escuela a través de las relaciones personalizadas y como un conjunto de tareas cotidianas, es un "trabajo que debe hacerse" para "salir adelante". Una conclusión de la investigación caracteriza esta relación como "un proceso epistémico de imbricación" por "adhesión-adherencia" y con el fin de aprender a "salir lo mejor posible de cualquier situación". No se trata de una relación con el saber, sino de una relación con el aprendizaje. A este proceso epistémico se opone el de los "buenos alumnos": un proceso epistémico de "distanciamiento", tanto por objetivación ("el saber está constituido en objeto" lo que permite "evocar contenidos intelectuales") como por "regulación" (capacidad de "definir la situación" pedagógica y de "regular la distancia con el otro y consigo mismo").

No es sorprendente que la mirada sabia del investigador encuentre y aprecie en los mejores alumnos las cualidades de la cultura escolar (capacidad de abstracción, de objetivación, de distanciamiento). Pero se percibe, también, hasta qué punto se trata de una visión objetivamente socio-céntrica, hasta en los deslices esenciales, bien sean evidentes (en el distanciamiento con los otros y consigo mismo) o más sutiles (bajo una mirada psicoanalítica, la adherencia remite a la infancia y la objetivación significa acceso a la conciencia adulta). Estudiar la relación con las demandas de la escuela (aprender las lecciones, calcular, escribir, redactar) muestra "la inferioridad" de los "alumnos menos favorecidos". Cualquiera que sean las intenciones del investigador, ellas éstas confirman el veredicto de "fracaso escolar" y la probabilidad de su reproducción, como cuando Basil Bernstein sintetiza sus investigaciones sobre los códigos cognitivos y opone "código elaborado" y "código restringido". "Si es tan difícil reflexionar sobre los balances (y reflexionar en términos que no sean negativos), es porque la experiencia de los alumnos menos favorecidos no se construye a través del lenguaje. La cuestión aquí es, a la vez, de fondo y de método".

O sea, que nos aproximamos a formas de interés y de legitimidad fundadas en una práctica instituida, a una forma de investigación-acción en la que son las formas instituidas de la acción, las que dan forma a las preguntas.

D. Ampliación y descentralización: escuela e inserción

¿Cómo cambiar de punto de vista? No se trata tanto de cambiar de punto de vista (para "adoptar" otro, por ejemplo), como de tomarlo por objeto. Para ello, es necesario compararlo, confrontarlo con otro (o con otros) punto(s) de vista. Entre la gran diversidad de puntos de vista posibles, tomaremos dos cuyo interés proviene, en nuestra opinión, de las evoluciones recientes.

1. El docente como objeto

El importante incremento de los estudios ha transformado el "público" de los alumnos –se habla mucho de ello, pero también del reclutamiento de los profesores y, muy a menudo, las condiciones de desenvolvimiento de sus carreras en los establecimientos de educación. Algunas investigaciones se preguntan sobre qué ha cambiado en la relación pedagógica, por la transformación conjunta de los dos tipos de reclutamiento. La transformación del reclutamiento social de los docentes se puede estudiar a través de las diferencias generacionales, con la condición de no tratar la cuestión de las generaciones únicamente desde un punto de vista demográfico. La noción está por construirse desde el punto de vista sociológico a partir de un conjunto de transformaciones sociales paralelas (de formación, pero también de origen geográfico, social, de sexual, de trayectoria escolar, familiar, de carrera profesional...) que pueden relacionarse con diferencias de perspectivas de carrera y de maneras de relacionarse con esas perspectivas, con transformaciones de los objetivos pedagógicos y de las categorías del juicio de los docentes, con el desarrollo de otras perspectivas profesionales, como por ejemplo las actividades de investigación... Esos estudios pueden tomar formas muy concretas (¿quién enseña? ¿dónde? ¿a qué tipo de alumnos? ¿cómo? ¿con qué perspectiva? ¿con qué representaciones? ¿con qué tipo de compañeros?) y dar lugar a investigaciones más cuantitativas (un mapa) y más intensivas.

2. La educación y la inserción

Se dice con frecuencia que la función de la escuela ha cambiado y, con ésta, sus objetivos pedagógicos. Muchas investigaciones y estudios en sociología del trabajo y de las organizaciones señalan, particularmente, que la identidad del "joven" ya no es producida por figuras identificatorias, reconocibles en el medio familiar y escolar, sino por el contrario, debe ser construida por él mismo en un mundo que se quiere "fluido", "flexible", "intersticial", pensable en términos de flujo y de redes, en un espacio más indefinido y en un tiempo precario, a medida que se dan las oportunidades. Se le empuja a elaborar proyectos a través de los cuales él es aparentemente libre de inventarse como "sujeto que trabaja": en realidad, a partir de elementos diversos de su biografía (en la familia, en la escuela, en el barrio, en sus experiencias en pasantías o actividades profesionales precarias), él está obligado a construirse una subjetividad que lo vuelva "empleable". Cada vez más ligada a las características biográficas, la nueva definición "de identidad" de la empleabilidad es la traducción de la tendencia general a la gestión "individualizada" de la fuerza de trabajo.

Las investigaciones que hacen un seguimiento real de las trayectorias de estos jóvenes muestran sus oscilaciones entre la identidad escolar y la del barrio: "incidentes en la trayectoria", positivos o negativos, en el colegio, en la familia o en el barrio, modifican sus relaciones identificatorias y sus comportamientos en uno y otro espacio-tiempo, en los que ellos participan. ¿No convendría entonces que un estudio preocupado por desembocar en un conocimiento susceptible de producir prácticas innovadoras, se procure los medios de entender esos movimientos oscilatorios y la manera cómo la vida de la escuela está marcada cotidianamente por la de la familia, por la del grupo de amigos y por la del barrio, y por la perspectiva borrosa de una empleabilidad que debe construirse, con el concurso de la escuela o, en ocasiones, en contra de ella? ¿Y no convendría que una investigación concertada reúna en procura de este objetivo los profesionales, docentes y otros, que tienen por misión preparar y acompañar la inserción de los alumnos actuales y de los exalumnos? Se necesitaría, para ello, que se motive a los docentes, y que las instituciones que ejercen una tutela de la escuela no desconozcan la pertinencia pedagógica de una investigación de esas características, sino que, por el contrario, apoyen una ampliación de la investigación, que sobre bases locales, alimente perspectivas comparativas nacionales e internacionales.

INVESTIGACIÓN EDUCATIVA: EL ENFOQUE EPISTEMOLÓGICO

SILVIO SÁNCHEZ GAMBOA

Doctor en Filosofía y Ciencias de la Educación de la Universidad de München (Alemania Occidental). Orientador de Tesis, con estudios de nivel superior en pedagogía general, en estudios sobre escuelas experimentales en Alemania. Profesor de la Universidad Estadual de Campinas, UNICAMP, Brasil. Coordinador del posgrado en Educación de la PUCCAM. Investigador educativo.

Investigaciones publicadas sobre educación:

Importancia de la teoría en educación, teoría y práctica: problema básico de la educación. Investigación y educación en Alemania Federal. Investigación en educación y en la Facultad de Educación. Investigación educativa en Brasil. Teoría, crítica e investigación educativa.

Ha participado en múltiples congresos y seminarios a nivel nacional e internacional.

Introducción

A partir de la década de los años ochentas, la literatura especializada en investigación educativa viene denunciando la reducción tecnicista que invadió la práctica de la investigación en educación. A partir de esa verificación, nos preguntamos: ¿cuáles son las condiciones que facilitaron esa invasión? ¿cuáles las razones por las que se identifica como reduccionismo técnico a ese tipo de práctica? ¿cuáles los resultados de tal invasión y tal reduccionismo? ¿existe posibilidad de superar esa situación?

Al mismo tiempo en que se denunciaba el reduccionismo técnico, surgían los estudios epistemológicos sobre la investigación educativa. ¿En qué consisten esos estudios, cuáles son sus características y sus contribuciones? ¿qué relaciones tienen con la denuncia anterior y con las posibles soluciones para los problemas de la comprensión de la investigación científica en educación?

Con base en estos interrogantes y desde un punto de vista filosófico, y al mismo tiempo práctico, organizamos nuestra discusión de la siguiente forma: en la primera parte presentamos algunas condiciones que justificaron la génesis del enfoque epistemológico y describimos sus principales rasgos. En seguida, presentamos sus estrategias de aplicación y, finalmente, sugerimos algunas situaciones prácticas en que el abordaje epistemológico podrá ser útil.

Por qué los abordajes epistemológicos

Según Bachelard, cuando el científico realiza sus investigaciones, además de elaborar conocimientos y producir resultados elabora también una filosofía. En toda práctica explícita de los científicos existe una filosofía implícita. Cuando investigamos, no solamente producimos un diagnóstico sobre un campo problemático, o elaboramos respuestas organizadas y pertinentes para cuestiones científicas, sino que construimos una manera de hacer ciencia y explicitamos una teoría del conocimiento y una filosofía. Utilizamos una forma de relacionar el sujeto y el objeto del conocimiento y anunciamos una visión de mundo, es decir, elaboramos, de manera implícita u oculta, una epistemología, una gnoseología y una ontología.

Los estudios que analizan esas articulaciones entre el proceso de investigación científica y los supuestos filosóficos en los cuales se basan reciben el nombre de investigación epistemológica o, simplemente, de abordaje epistemológico de la investigación. Como este tipo de análisis es complejo, por la cantidad de elementos a considerar y por las diversas formas de organizarlos, nos vemos obligados a presentar, en pocas páginas, algunas de las características de dichos análisis, no sin antes indicar las razones que justifican este tipo de estudio y las posibles contribuciones en la formación científica del investigador.

Con la expansión de la investigación educativa en América Latina, particularmente con la implantación de los cursos de postgrado en la región que incluyen como requisitos para el título la elaboración de un trabajo de investigación, se produce un aumento cuantitativo de investigaciones, y con ellas aparece la necesidad de procurar formas de verificar los elementos cualitativos de esa producción. Preguntamos, entonces, sobre sus rasgos, sus tendencias, la validez científica de sus resultados, la aplicabilidad de sus conclusiones, sus criterios de cientificidad, sus fundamentos etc.[1]

Guiados por esa preocupación, a partir de los años ochentas algunos estudios han identificado problemas tales como: el "formalis-

---

[1] Véanse los estudios de Vielle (1981), Lapatí (1981, 1994), Tedesco (1985), García Guadilla (1987) y Sánchez Gamboa (1996, 1997).

mo académico", que alteró las motivaciones de los investigadores pues su interés mayor no es producir nuevos conocimientos y sí cumplir con los requisitos para obtener el título; de igual manera surgen el "ritualismo metodológico", los "modismos teóricos", el "reduccionismo tecnicista" y el "ecleticismo pragmático". Todos estos "ismos" como resultado de la falta de una clara comprensión de los fundamentos epistemológicos y de las implicaciones filosóficas de las diversas formas de elaboración de los conocimientos y de los diversos paradigmas científicos. La fuerte influencia de los manuales de investigación que "enseñan" técnicas ofrece recetas para la recolección, organización, tratamiento y presentación de datos, sin informar sobre las especificidades del trabajo científico, sobre las diversas tendencias de la investigación, ni sobre los fundamentos epistemológicos y filosóficos de la práctica científica.

Por otro lado, a partir de los años noventas se intensifica la discusión sobre los modelos de investigación y sobre el conflicto entre los paradigmas científicos[2]. Esa discusión se ha centralizado sobre los métodos de investigación en un intento de superar la concepción técnico-instrumental predominante en los referidos manuales de investigación. Nuevas disciplinas que privilegian la discusión sobre los fundamentos epistemológicos y filosóficos de la investigación vienen remplazando los cursos de "técnicas estadísticas" y de "metodología y de técnicas de la investigación". Esas nuevas disciplinas, por el contenido de sus títulos, ya indican otros contenidos, veamos algunos: "fundamentos teóricos de la investigación", "epistemología de la investigación educativa", "teoría del conocimiento", "lógica de la ciencia", "epistemologías modernas en la investigación educativa" etc.

---

[2]   Véanse los trabajos de Morin (1990, 1996), Lapatí (1994) y Sánchez Gamboa (1996).

La preocupación con las cuestiones metodológicas, teóricas y epistemológicas tiene como objeto mejorar la formación del investigador, pues,

> *La formación del investigador no puede restringirse al dominio de algunas técnicas de recolección, registro y tratamiento de datos. Las técnicas no son suficientes ni constituyen en sí mismas una instancia autónoma del conocimiento científico. Estas tienen valor como parte de los métodos. El método, o el camino del conocimiento, es más amplio y complejo. Por su vez, un método es una teoría de ciencia en acción que implica criterios de cientificidad, concepciones de objeto y de sujeto, maneras de establecer esa relación cognitiva y que necesariamente remiten a teorías de conocimiento y a concepciones filosóficas de lo real. Esas diversas concepciones dan soporte a los diversos abordajes utilizados en las construcciones científicas y en la producción de conocimientos (Sánchez Gamboa, 1996: 7).*

Para conseguir un dominio confiable de las técnicas, los investigadores necesitan entender sus relaciones con los métodos y los procedimientos, y de éstos con los correspondientes supuestos teóricos y epistemológicos, así como percibir con claridad las implicaciones filosóficas de las diversas opciones científicas. El éxito de una investigación de calidad puede estar en la articulación lógica de esos elementos y en el conocimiento de los supuestos y las implicaciones del abordaje epistemológico que el investigador utiliza.

Sobre los abordajes epistemológicos existen variadas referencias. Destacamos algunas de ellas:

El concepto de abordaje epistemológico se deriva del término epistemología que significa literalmente teoría de la ciencia. La teoría de la ciencia, reconocida también como metaciencia, surge después de que fueron creadas, para los casos más específicos, las palabras metamatemática y metalógica. La metaciencia es un estudio que viene después de la ciencia y que tiene por objeto a la misma, interrogándola a partir de un nivel superior sobre sus principios, sus fundamentos, sus métodos, sus resultados y sus criterios de validez. Para superar esa visión restringida sobre la propia ciencia, el término epistemología registra una ampliación de sentido en la medida en que, a pesar de referirse al conocimiento científico, su análisis se ubica en un campo común entre la filosofía y la ciencia; eso es así porque el análisis de la ciencia se hace no a partir de los límites de la propia ciencia o de sus criterios de validez, sino considerando otro nivel de conocimiento más amplio, como es la teoría del conocimiento y la filosofía[3]. En este sentido:

> *Los estudios epistemológicos buscan en la filosofía sus principios y en la ciencia su objeto y tienen como función no sólo abordar los problemas generales de las relaciones entre la filosofía y la ciencia, sino que también sirven como punto de encuentro entre éstas (Sánchez Gamboa, 1997:65).*

Y en el caso concreto de la aplicación del análisis a la producción científica de una determinada área del conocimiento, así se caracteriza:

> *El análisis epistemológico se sitúa como análisis conceptual de segundo orden que cuestiona los fundamentos de las ciencias, los procesos de producción del conocimiento y los parámetros de confiabilidad*

---

[3] Véase el estudio de Blanche (1975) sobre la diferentes vías de construcción de la epistemologia.

y veracidad (contexto de la justificativa) de la inves-
tigación científica (las cuestiones de primer orden o
factuales son propias de cada ciencia específica). La
tarea de segundo orden procura revisar o reintegrar
nuestra comprehensión de lo que está envuelto en
la investigación factual o de primer orden (Sánchez
Gamboa: 1997: 65)

Cuando referimos el término epistemología a la investigación educacional, significa que tomamos, como objeto, la producción del conocimiento generado como investigación científica en el área de educación y la analizamos a la luz de las categorías filosóficas, utilizando para ello esquemas conceptuales que propician el estudio de las articulaciones entre los elementos constitutivos de la investigación (técnicas, métodos, teorías, modelos de ciencia y supuestos filosóficos). En este caso, el abordaje epistemológico se caracteriza por analizar, de forma articulada, los aspectos técnico-instrumentales para relacionarlos con los niveles metodológicos, teóricos y epistemológicos, y éstos a su vez, con los supuestos gnoseológicos y ontológicos relativos a la visión de realidad implícita en la investigación. Además de permitir estos análisis, el abordaje epistemológico ayuda a recuperar, a partir de los supuestos ontológicos, las implicaciones ideológicas presentes en las diversos paradigmas científicos que, según Habermas (1983), constituyen el campo complejo de los intereses humanos que comandan los varios tipos de conocimiento. La relación entre "conocimiento e interés" podrá ser revelada en la medida en que analizamos las articulaciones entre la práctica científica y sus supuestos filosóficos.

Según esa perspectiva, Bachelard (1968) propone que, en vez de separar la filosofía de la ciencia, como quiere el positivismo, se haga el camino de la reflexión sobre las filosofías implícitas en las prácticas explícitas de los científicos, con la finalidad de recuperar, para cada una de la ciencias, la filosofía que ellas merecen.

El camino de la reflexión exige que la filosofía desempeñe su función crítica en relación con los conocimientos científicos, los cuales deben ser comprendidos bajo todos sus aspectos: lógico, ideológico, histórico, social, etc.

En esa línea de pensamiento, Piaget, critica igualmente al positivismo, por limitar el término epistemología al conocimiento científico; Él define epistemología como sinónimo de teoría del conocimiento por considerarla un dominio más amplio, que abarca el conocimiento en general desde sus primeros niveles, y no apenas cuando éste llega al nivel científico.

Piaget considera la epistemología como el estudio de los pasos entre los estados de un conocimiento menor y los estados más desarrollados del mismo, sean estos estudios referidos al desarrollo del conocimiento científico o al desarrollo del conocimiento en los niños, o se relacionen con la psicología genética o a la historia de las ciencias. Esa concepción supone que toda ciencia está en vía de desarrollo progresivo e indefinido y pasa por estados sucesivos.

Habermas (1982) analiza la génesis de la separación entre la filosofía y la ciencia y propone una reflexión que recupere las relaciones de la ciencia con el proceso histórico de la sociedad y con la filosofía. Esta reflexión permitirá reconquistar el papel crítico de la teoría del conocimiento y devolver a las ciencias la capacidad de autorreflexión y de inserción en la totalidad social.

A partir de las propuestas anteriores, considerando la articulación entre la filosofía y la ciencia y la recuperación de la producción científica insertada en los procesos sociales e históricos que la determinan, podemos describir mejor algunas de las estrategias de los estudios epistemológicos.

El análisis epistemológico supone la comprensión de la obra científica como un todo lógico que articula diversos factores, los cuales le dan unidad de sentido. Esta unidad de sentido se produce en condiciones histórico-sociales que la determinan y la caracterizan como única y como parte del proceso mayor de la producción del conocimiento humano. Así, las categorías centrales del análisis se refieren a la relación entre lo lógico y lo histórico. En otras palabras, la obra científica (en este caso, la investigación educativa) encierra contenidos lógicos e históricos. El contenido lógico se refiere a la articulación de nociones y categorías que forman una unidad de pensamiento o una estructura interna, más o menos formalizada. Tal unidad no se presenta fija o terminada, pues obedece a un proceso de producción y de génesis, razón por la cual lo lógico no puede estar separado de lo histórico.

> *La unidad entre lo lógico y lo histórico es un importante principio metodológico de la construcción del sistema de categorías, las cuales deben reflejar de forma específica toda la historia de su formación y evolución (Sánchez Gamboa, 1996: 35).*

En el caso concreto del análisis epistemológico de la producción científica en educación, la interrelación entre lo lógico y lo histórico se refiere a dos momentos específicos. El primero procura la estructura interna implícita en toda investigación, la forma como define y articula sus elementos constitutivos; el segundo se refiere a las condiciones históricas que determinan esa producción. La integración de estos dos momentos que se explicitan mutuamente nos ofrece un conocimiento sobre las características, no apenas de cada investigación en particular, sino del movimiento del pensamiento que la sustenta y de las tendencias científicas en las cuales se ubica. A su vez, el estudio de las tendencias de la investigación o de las corrientes de ideas que le dan soporte se hace posible en la medida en que identifiquemos las características específicas que estructuran esas tendencias y que organizan las categorías en un todo específico. Para una mejor comprensión de la relación entre los dos momentos descritos, veamos en seguida las características particulares de cada uno de ellos.

La lógica de la investigación en educación

La recuperación de la lógica interna de la investigación supone la reconstitución de las articulaciones entre los diversos factores que integran los procesos de la producción de los conocimientos. Suponemos que en todo proceso de producción de conocimientos se manifiesta una estructura de pensamiento que incluye contenidos filosóficos, lógicos, epistemológicos, teóricos, metodológicos y técnicos.

Entendemos que estos contenidos pueden ser organizados por niveles de amplitud y por grado de explicitación, comenzando por los factores que se presentan en forma explícita hasta recuperar aquellos que se encuentran en forma de supuestos (o que están implícitos). En tal sentido, el abordaje epistemológico podrá esclarecer las relaciones entre técnicas, métodos, paradigmas científicos, presupuestos gnoseológicos y ontológicos, todos ellos presentes, más o menos explícitos, en cualquier investigación científica". Veamos en detalle esos niveles de amplitud:

a.   Técnico-instrumental; se refieren a los procesos de recolección, registro, organización, sistematización y tratamiento de los datos y las informaciones.

b.   Metodológico; hace alusión a los pasos, procedimientos y maneras de abordar y tratar el objeto investigado.

c.   Teóricos, entre los cuales citamos: los fenómenos educativos y sociales privilegiados, núcleos conceptuales básicos, pretensiones críticas a otras teorías, tipo de cambio propuesto, autores citados etc.

d. Epistemológicos, los cuales se refieren a los criterios de "científicidad", como concepción de ciencia, concepción de los requisitos de la prueba o validez, concepción de causalidad, etc.

e.   Gnoseológicos, corresponden a las formas de tratar lo real, lo abstracto y lo concreto en el proceso de la investigación científica; lo que implica diversas maneras de abstraer, conceptuar, clasificar y formalizar; o sea, diversas formas de relacionar el sujeto y el objeto de la investigación y que se refieren a los criterios sobre la "construcción del objeto" en el proceso de conocimiento.

f.   Ontológicos, como son la concepción del hombre, de la sociedad, de historia, de la educación y de la realidad, que se articulan en la visión de mundo implícita en toda producción científica. Esta visión de mundo (cosmovisión) tiene una función metodológica integradora y totalizante que ayuda a elucidar los otros elementos de cada modelo o paradigma (Sánchez Gamboa, 1997: 66).

Si tomamos esos niveles de amplitud y los aplicamos al análisis de una tesis, a la producción de una institución o centro de investigación o a los resultados científicos sobre una problemática en un determinado período de tiempo, podemos identificar la construcción de una lógica propia, articulando diversos elementos que aparentemente se presentan desconectados unos de los otros. Por ejemplo: podemos identificar diversas técnicas o instrumentos de recolección de datos y suponer que estos tienen validez propia pues son útiles para esa función. En la medida en que los articulamos con los abordajes teórico-metodológicos, constatamos que debemos dar mayor importancia a las informaciones recogidas con criterios cuantitativos o cualitativos, dependiendo de los objetivos de la investigaciones y de los intereses que orientan la elaboración del conocimiento.

Si queremos conocer, por ejemplo, los perfiles de los alumnos y los profesores de una escuela o si queremos saber lo que ellos piensan, representan y verbalizan sobre las relaciones entre ellos, damos mayor énfasis a una o a otra estrategia de investigación.

Para el primer caso, es suficiente con la aplicación de un cuestionario con preguntas de selección múltiple y un cuadro de respuestas previamente definidas. En el segundo caso, una encuesta abierta, una entrevista, un seminario, una investigación participante, sin categorías previas de análisis, ofrecen mejores informaciones. Para el primer caso, podemos utilizar un tratamiento estadístico; para el segundo, un análisis de contenido. Para el primer caso, no necesitamos informaciones sobre los contextos sociales y culturales, apenas un cuestionario bien elaborado y un buen tratamiento estadístico para cruzar informaciones. En el segundo caso, es importante conocer el cuadro social y cultural de referencia para interpretar las verbalizaciones y los contenidos de los relatos, de los gestos y de los símbolos utilizados. En el primer caso, se conocen las características de los alumnos y de los profesores, teniendo como interés predominante el conocimiento para un mejor control técnico de los mismos. En el segundo, predomina el interés por la comunicación y la interacción.

Así, la primera investigación revela una visión del mundo que se refleja en los datos empíricos y objetivos, en la descripción, en el perfil gráfico o la fotografía de los sujetos investigados. La segunda investigación pone de manifiesto una visión fenomenológica de mundo, un mundo que se esconde detrás de las palabras, de las manifestaciones verbales, de los signos, de los gestos, de las maneras de actuar, etc. un mundo en que los elementos subjetivos e intersubjetivos constituyen la esencia de los fenómenos investigados. Como vemos en esos dos ejemplos, no es suficiente con escoger una técnica o un instrumento si éste no se articula de manera lógica con los otros factores que componen la investigación. Podemos utilizar todas las técnicas posibles, pero los resultados obtenidos con cada una de ellas tendrán mayor importancia o significado dependiendo, en última instancia, de la visión de mundo y del interés que motiva el conocimiento. Para poder articular esos dos niveles (el técnico y el ontológico), necesitamos recuperar los niveles intermediarios (metodológico, teórico, epistemológico y gnoseológico).

El movimiento histórico de la investigación

La preocupación de los investigadores por estas articulaciones lógicas han generado un gran número de tipos que identifican esos modos de articulación en la forma de modelos o paradigmas. Veamos algunos ejemplos: Torres (1979) constata cuatro paradigmas o lógicas del saber: empirismo, formalismo, voluntarismo y dialéctica objetiva. Burns (1981) distingue tres modos de abordar el conocimiento: el lógico-positivista, el hermenéutico y el crítico. Goergen (1981) menciona tres tipos de métodos en la investigación educativa: el fenomenológico-hermenéutico, el empírico y el crítico. Demo (1981) distingue seis tipos específicos de abordajes metodológicos: empirismo, positivismo, funcionalismo, sistemismo, estructuralismo y dialéctica. En los estudios que realizamos sobre la producción de los cursos de post-grado en educación en las universidades de Brasileñas (Sánchez Gamboa, 1996), clasificamos los abordajes en empírico-analíticos, fenomenológico-hermenéuticos y crítico-dialécticos. Y Lapatí (1994) así describe los paradigmas teóricos vigentes en América Latina en las últimas décadas:

> *Hasta fines de los sesentas, los paradigmas dominantes eran los que hoy podemos calificar de convencionales: el funcionalismo (al que se podría adscribir el enfoque de "sistemas" por su supuestos sociológicos), la teoría del capital humano y el empirismo metodológico. A fines de los sesentas, irrumpen en la investigación socioeducativa latinoamericana*

*nuevas corrientes: las teorías reproductivistas fran-
cesas (Bourdieu/Passeron y Baudelot/Establet), las
teorías del conflicto de cuño neomarxista expuestas
por la escuela de Frankfurt o por autores estadounidenses y –en menor grado– la nueva sociología de
la educación de Bernstein (Lapatí, 1994: 47).*

Por los ejemplos anteriores podemos ver que los modelos o paradigmas de la investigación no permanecen como estructuras fijas o como cuadro de categorías donde podemos colocar las diferentes investigaciones. Esos modelos se transforman con la práctica de la investigación y evolucionan a lo largo de un período. La investigación epistemológica una vez que identifica esos modelos o paradigmas (método lógico) busca comprender sus transformaciones recuperando informaciones sobre su evolución, su agotamiento, sus crisis, sus limitaciones, su divulgación, su aceptación por la comunidad científica, etc. (método histórico).

Este tipo de análisis utiliza informaciones sobre las condiciones de producción del conocimiento. Estas informaciones se refieren a las políticas de ciencia y tecnología, las corrientes de pensamiento, la interferencia de los tutores y orientadores, y los proyectos político-pedagógicos de los centros de investigación, los recursos financieros, la dedicación exclusiva a la investigación, el predominio de modelos o paradigmas, los modismos teóricos o metodológicos, el acceso a fuentes, a nuevas bibliografías, la integración del proyecto a grupos de investigación, etc. Todos estos factores influyen en la construcción del conocimiento. Por lo tanto, un análisis histórico ayudará a revelar las articulaciones lógicas que fueron construidas y que dieron como resultado una determinada forma de hacer ciencia, trazando unas características propias. Si estas características forman un perfil común con otras investigaciones producidas en el mismo centro o programa, y al mismo tiempo utilizan procedimientos semejantes y referencias teóricas próximas, podemos adscribir esas investigaciones dentro de un mismo modelo o paradigma epistemológico.

Podemos también afirmar que en un período de diez años, por ejemplo, predominó el paradigma funcionalista en las investigaciones realizadas en los programas de postgrado en educación de un determinado país. Igualmente, podemos verificar que tal modelo dejó de ser predominante y, por diversas razones o circunstancias, que el análisis histórico tratará de revelar, fue reemplazado por otros paradigmas con mayor capacidad de desarrollo. Tenemos, así, un movimiento de transformación de la producción científica. Frente a este movimiento inacabado, nos preguntamos ¿de qué manera podremos localizar la investigación que actualmente elaboramos?

Algunas recomendaciones

En primer lugar, alertamos sobre las limitaciones del abordaje epistemológico. Una de éstas se refiere a su utilización. Cuando discutimos sobre las articulaciones lógicas de los factores que integran una "buena investigación" y sobre los niveles de amplitud de cada uno de ellos, parece que tenemos ante nosotros una camisa de fuerza que debe servir de parámetro y de guía para la elaboración de los nuevos proyectos. Parece, igualmente, que tenemos que definir, en primer lugar, las técnicas, por ser ellas más explícitas y de menor amplitud. Finalmente, que debemos pensar en la visión de mundo ordenadora de nuestra práctica científica, por ser ella más amplia y menos explícita. Y así sucesivamente escoger cada factor y después articularlo coherentemente para obtener una investigación con su lógica interna bien fundamentada. Total engaño. La lógica a la cual nos referimos es una lógica reconstituida *a posteriori*. Es el resultado de análisis realizados sobre las investigaciones ya elaboradas y que debido a determinadas condiciones consiguieron construir tal articulación.

A partir de esta articulación, podemos adscribir la investigación dentro de un determinado modelo o paradigma. Este mismo proceso no puede servir para orientar los proyectos. No es conveniente fijar a priori un modelo de proyecto de investigación. Decir, por ejemplo, en un proyecto que el método que será utilizado será el fenomenológico o el dialéctico, o que el paradigma epistemológico es el funcionalista o el reproductivista, representa un error craso. Tales definiciones previas, además de crear falsas expectativas sobre las cuales un tribunal deberá cobrar la debida coherencia con los modelos clásicos o los autores más conocidos, inhiben la creatividad y la libertad del investigador. Por otro lado, querer trazar el camino, antes de definir los puntos de partida y de llegada, de conocer las condiciones del trayecto, los recurso y los medios es, según dice la expresión popular, "ensillar antes de traer las bestias" o "colocar la carroza en la frente de los bueyes".

Un proyecto, como afirmamos en otra ponencia de este mismo seminario, debe considerar, fundamentalmente, la problemática que se pretende investigar, debe elaborar cuestiones pertinentes y traducirlas a una pregunta-síntesis significativa. En un segundo momento, debe indicar las formas de obtener respuestas para esa pregunta (fuentes de informaciones, formas de recolectar datos, maneras de sistematizarlos) e indicar un horizonte interpretativo de los resultados de esa búsqueda. En ese sentido, el investigador no necesita enunciar, en los proyectos, los paradigmas epistemológicos o los abordajes teórico-metodológicos que irá a utilizar. Sin embargo, el conocimiento de las características de los diferentes abordajes ayuda en la selección de estrategias para comprender mejor el problema que se investiga.

Un buen escritor, antes de elaborar sus novelas, lee muchas otras, se encanta, se deleita y las aprecia con cuidado. De igual manera, un investigador, antes de elaborar su proyecto, debe leer otras investigaciones, para identificar sus principales elementos, recuperar sus métodos y estrategias, descubrir sus rutas ocultas, revelar sus supuestos y estructuras básicas. Lee y relee para comprender los resultados y evaluar sus limitaciones e implicaciones. El abordaje epistemológico, precisamente, ofrece un instrumental para realizar esa lectura cuidadosa de la investigación.

Todo investigador, por más original y precoz que sea, está llamado a realizar una lectura diferenciada (lectura epistemológica) de otras investigaciones. Sin duda se trata de una manera de familiarizarse con la producción científica, lo cual se consigue con la lectura crítica de otras investigaciones, informes o tesis.

Es conveniente que los centros y grupos de investigación realicen periódicamente balances de su producción. Además de otras formas de evaluación, los análisis epistemológicos permiten identificar las tendencias de esa producción, revelar métodos, teorías y paradigmas científicos predominantes así como su evolución a lo largo de un período. Estos análisis contribuyen, también, a la elaboración de estudios comparados entre períodos y entre centros o grupos de estudio.

El abordaje epistemológico puede ser importante, además, en la organización de un universo de investigaciones que producen resultados sobre una misma problemática. En ese sentido, los análisis epistemológicos superan los "estados del arte" tradicionales. Ese balance, no sólo de identificar los temas estudiados, las bibliografías o los autores consultados, permitirá profundizar en los problemas y cuestiones que generaron el conocimiento, los métodos, las estrategias, los conflictos teóricos y paradigmáticos, la confrontación de los resultados, los vacíos conceptuales, la limitación o amplitud de las categorías y las perspectivas históricas de una ciencia en particular.

Igualmente, un análisis epistemológico sobre un universo de investigaciones podrá revelar las implicaciones filosóficas e ideológicas que, en algunos casos, limitan la creatividad y la capacidad heurística de las teorías y de los métodos.

Por fin, el abordaje epistemológico funciona como un ejercicio de vigilancia permanente. Vigilancia "para percibir lo inesperado, para perfeccionar el método y para vigilar la propia vigilancia"

(Bachelard, 1968), es decir, vigilancia para revisar permanentemente los límites del propio conocimiento científico y así abrir nuevos horizontes para el conocimiento humano.

Bibliografía

BACHELARD, G. *O Novo espírito científico*. Río de Janeiro: Tempo Brasileiro, 1968.

BLANCHÉ, R. *A Epistemología*. Río de Janeiro: Martins Fontes, 1975.

BURNS, Robin, "Educación para el desarrollo y educación para la paz". En: *Perspectivas*. París, Unesco, (2): 138-140, 1981.

DEMO, Pedro. *Metodología científica em ciências sociais.* São Paulo: Atlas, 1981.

GOERGEN, Pedro. Pesquisa em educação, sua função crítica. En: *educação e sociedade*, São Paulo. (9), 65-96, 1981.

HABERMAS, J. . Conhecimento e interesse. En: *Os Pensadores*, São Paulo: Abril Cultural, 1983, pp. 278-312.

LATAPI, Pablo. Acerca de la influencia de la investigación educativa. En: *Perspectivas*. Unesco, París, 1981, (3), 329-336.

LATAPI, S., Pablo. *La investigación educativa en México*. México: Fondo de Cultura Económica, 1994.

MORIN, Edgard. *Introdução ao pensamiento complexo*. Lisboa: Instituto Piaget, 1990.

__________. *O problema epistemológico da complexidade*. Lisboa: Publicações Europa-América, 1996.

SÁNCHEZ GAMBOA, Silvio. *A epistemologia da pesquisa em educação*. Campinas: Práxis, 1996a.

__________. SANTOS FILHO, José Camilo. *Investigación educativa: cantidad -calidad, un debate paradigmático*. Bogotá: Cooperativa Editorial Magisterio, 1997.

STENHOUSE, Lawrence. *La investigación con base de la enseñanza*. Madrid: Morata, 1985.

TORRES, Carlos. *A práxis educativa de Paulo Freire*. São Paulo: Loyola, 1979.

VIELLE, Jean-Pierre. El impacto de la investigación en el campo educativo. En: *Perspectivas*, Unesco, París, 1981, (3), 337-352

La investigación como estrategia de innovación educativa:

Los abordajes prácticos

Silvio Sánchez Gamboa

Doctor en Filosofía y Ciencias de la Educación de la Universidad de München (Alemania Occidental). Orientador de Tesis, con estudios de nivel superior en pedagogía general, en estudios sobre escuelas experimentales en Alemania. Profesor de la Universidad Estadual de Campinas, UNICAMP, Brasil. Coordinador del posgrado en Educación de la PUCCAM. Investigador educativo.
Investigaciones publicadas sobre educación:
Importancia de la teoría en educación, teoría y práctica: problema básico de la educación. Investigación y educación en Alemania Federal. Investigación en educación y en la Facultad de Educación. Investigación educativa en Brasil. Teoría, crítica e investigación educativa.

Introducción

¿Por qué los resultados de las investigaciones educativas se tornan difíciles de aplicar? ¿Por qué los caminos entre éstos y su aplicación a los procesos educativos encuentran tantos obstáculos? ¿Cuáles serían las posibles relaciones entre los resultados de la investigación y los problemas por ella analizados?

Considerando la ausencia de un estatuto epistemológico de las ciencias de la educación, se hace imposible la presencia de la investigación básica en esta área. ¿Restaría apenas la investigación aplicada? Muchas investigaciones académicas del tipo tesis de grado o de postgrado cumplen exclusivamente con el requisito para obtener la titulación y, por supuesto, no revelan ningún interés por aplicar los resultados a la problemática estudiada. Otras investigaciones buscan interpretar la realidad educativa de diversas maneras, sin embargo, poco o nada contribuyen para transformarla.

Nos preguntamos, entonces, sobre los condicionamientos de la investigación educativa que no le permiten aplicar los resultados de sus investigaciones.

Nos preguntamos, igualmente, si será posible realizar un tipo de investigación que supere las distancias entre la investigación y las prácticas innovadoras en educación.

¿Las investigaciones deben obtener resultados que propicien la innovación o la transformación educativa?

¿En la hipótesis afirmativa, ¿cuál es la investigación que genera innovaciones o contribuye a cambiar, renovar o transformar los procesos educativos?

Pretendemos colocar algunos indicadores de esta problemática, como también, calificar, de manera más acentuada las preguntas que orientan la discusión sobre las relaciones entre investigación e innovación educativa.

Iniciamos esta discusión considerando las dificultades más comunes encontradas en los proyectos de investigación[1]

En segundo lugar, nuestra discusión transita por los abordajes teórico-metodológicos. Partimos de la premisa de la dificultad de relacionar los resultados de la investigación con la práctica educativa. Esta dificultad se debe, entre otros factores, a los supuestos epistemológicos de algunos abordajes que inhiben o bloquean dicha relación. Considerando la posibilidad de la relación entre investigación y acción educativa, procuramos identificar las condiciones que permiten articular los resultados de la investigación y los procesos de innovación. Consecuentemente, caracterizamos los abordajes que colocan la práctica y la acción como eje central de la investigación.

Un tercer momento de nuestra discusión se ubica en el campo abierto de la polémica sobre el estatuto científico de las ciencias de la educación. Pensamos que en la elaboración de la teoría pedagógica sobre las prácticas educativas, la investigación se coloca en un lugar privilegiado como dinamizadora de estas tensiones y como ingrediente crítico de las transformaciones, tanto de la una, como de la otra. La teoría pedagógica cambia con la práctica y la práctica se transforma con la reflexión. En los dos

------

[1]   Esas observaciones sobre los proyectos de investigación fueron elaboradas a partir de análisis de planos de investigación presentados como requisito de ingreso a los programas de posgrado en educación en las universidades Estadual de Campinas (UNICAMP), Federal de Santa María (UFSM); da Amazonia (UNAMA), de Contestado UnC; Pontífícia Católica de Campinas (Puc-Campinas), donde analicé y asesoré proyectos en los programas de posgrado, en las cursos de Fundamentos de la Investigación Educativa, Epistemología de la Investigación en Educación y Seminarios de Investigación, durante los años de 1990 a 1998.

procesos, se hace necesaria la problematización, la sistematización de cuestiones pertinentes y la elaboración de preguntas-síntesis. De igual manera, la dinámica se desarrolla en la medida en que elaboramos respuestas para estas preguntas. Sin investigación no realizamos el movimiento crítico de la transformación de la práctica y de la teoría.

Finalmente y a manera de síntesis, sugeriremos algunas pistas para sistematizar esta discusión y colocaremos algunos interrogantes que pueden generar otras "investigaciones sobre la investigación educativa".

Los proyectos de investigación

Las primeras dificultades relacionadas con la aplicación de los resultados de la investigación a las prácticas educativas las encontramos en los mismos proyectos de investigación, debido fundamentalmente a la falta de percepción clara de ese concepto.

¿Qué se entiende por "proyecto de investigación"? En la conceptualización de los términos como del propio proceso predominan las acepciones del sentido común. Un porcentaje alto de los proyectos de investigación presentados como trabajos en la academia pecan por la falta de explicitación de las categorías referidas a esos términos. Para los educadores y administradores, el término proyecto se ha vulgarizado de tal manera que puede ser confundido con el de plan de curso, disciplina, clase o plano de actividades extracurriculares, como pueden ser una semana cultural o unas actividades deportivas. Las actividades casi siempre son "programadas" de forma espontánea, sin un previo diagnóstico de las condiciones reales de la acción, de las posibilidades de innovación o del potencial de optimización de los procesos y de los sujetos participantes. El concepto de diagnóstico es abortado o supuesto en la visión sincrética de los gestores, profesores y administradores.

La enseñanza y las diversas actividades pedagógicas son previstas sin un diagnóstico riguroso de los elementos integrantes de la acción, por ejemplo, sin un conocimiento más organizado y sistematizado de los alumnos, de sus condiciones, de sus reales necesidades, y potencialidades, de sus previas habilidades y niveles de conocimiento, y así elaboramos planos y proyectos pedagógicos con la ilusión de estar siempre produciendo cambios, transformaciones, intervenciones, modificaciones de conductas o de procesos cognitivos. Sin ese diagnóstico riguroso, se importan y se implementan nuevas "teorías" pedagógicas, nuevos métodos, nuevas técnicas, nuevos sistemas de educación, nuevos planes nacionales, nuevos currículos. Contaminados por esas concepciones de proyecto, entendido éste como organización formal de la intervención, o de la modificación, de la alteración o de la "innovación", son elaborados los proyectos de investigación. Fácilmente se confunde proyecto pedagógico, administrativo o político con proyecto de investigación. El proyecto, en estos casos, es tomado como un plano de acción o de intervención sobre una realidad educativa, pero sin un previo diagnóstico, olvidando o suponiendo como dado un factor esencial en cualquier plano de acción. Muchos proyectos son ineficientes por falta de un buen diagnóstico.

Algunos títulos de investigaciones y algunos objetivos de las proyectos confirman esa comprensión; por ejemplo: proponer un nuevo método de enseñanza de matemática, una nueva estrategia para el aprendizaje de biología, etc. , una nueva organización del currículo, nuevas formas de gestión o participación de la comunidad. Tales objetivos se refieren a acciones modificadoras y no a actividades de investigación. Son objetivos pedagógico-administrativos, y no objetivos de investigación.

Esa contaminación conduce a una falsa ilusión del poder de la investigación. La investigación sólo se refiere a una parte del proceso de conocer para modificar o transformar. Concretamente, corresponde al diagnóstico sobre el cual se definen procesos de acción. Cuando tomamos el proyecto de investigación como un proyecto de intervención, hacemos una inversión de los procesos. Colocamos "la carroza adelante de los bueyes". Pensamos primero en las posibles recomendaciones o desdoblamientos de la investigación, antes de pensar en los objetivos centrales, queremos llegar a las conclusiones antes de realizar la investigación. En este sentido, aclaramos que los proyectos de investigaciones se asemejan a los diagnósticos exhaustivos y rigurosos sobre una problemática y a la comprensión cuidadosa de un problema. Una vez alcanzado el nivel del conocimiento que permite comprender y explicar una realidad concreta, podemos indicar algunas alternativas de acción para responder a la problemática analizada. La indicación de algunas acciones, a manera de sugerencias o recomendaciones, no debe ser la preocupación central de la investigación. Un excelente diagnóstico del problema ofrece, en sí mismo mejores recursos de implementación de acciones que superen o transformen su situación. Muchas veces, son imprevisibles los desdoblamientos y el potencial heurístico de un buen diagnóstico. La más pertinente y eficiente de las posibles acciones sobre un campo problemático depende de una rigurosa investigación o de un cuidadoso diagnóstico sobre la situación. En otras palabras, una investigación cualitativamente bien elaborada ofrece mejores condiciones y conocimientos más seguros, los cuales servirán de base para planos de acción más eficientes.

Una excepción de este criterio de separación entre el proyecto de investigación y el proyecto de intervención (pedagógica, administrativo o político) se da en la investigación-acción que articula esos dos proyectos, razón por la cual la investigación-acción exige condiciones específicas para su realización. Una de ellas se refiere a la coyuntura política para implementar esa intervención. Para poder articular diagnóstico e intervención, es necesario que el mismo grupo tenga, en ese momento, el poder político de decidir y actuar. Cuando esas condiciones no están presentes, por ejemplo en una investigación de un alumno de posgrado que pretende elaborar su tesis a partir del análisis del currículo de una escuela, donde posiblemente no tiene ninguna o poca ingerencia, sería difícil articular su plano de investigación con las acciones modificadoras de ese currículo. ¿Cuál es su poder político para alterar el currículo de esa escuela? En este caso, es posible realizar un excelente diagnóstico y a partir del mismo, sugerir posibles acciones innovadoras.

Otra dificultad encontrada en los proyectos se refiere a los objetivos intrínsecos de la investigación. Por lo general, cuando se habla de proyectos de investigación se pregunta sobre los temas que serán estudiados. Y las respuestas son así enunciadas: "el tema de mi investigación es sobre la educación especial", o "mi proyecto es sobre la enseñanza de geografía", "mi trabajo es sobre la formación del maestro", "mi tesis aborda la gestión democrática de la escuela pública" Esas respuestas indican un mal enfoque de los procesos; una vez más se coloca "la carroza antes de los bueyes"; antes de realizar la investigación, esta ya ha sido clasificada para la biblioteca. Entendemos que en una tentativa de delimitación o especificación del campo de estudio se utiliza un lenguaje inapropiado. Entendemos que ese lenguaje común confunde y, una vez más, pensamos a partir de abstracciones o temas ya dados en categorías comunes, cargadas de generalidades de sentidos comunes. En ese sentido, vale la pena advertir que *no se investigan temas, se investigan problemas*. Una vez realizada la investigación sobre un determinado campo problemático, un trabajo posterior consiste en localizar la investigación dentro de un universo de descriptores. Esa tarea de clasificación es *a posteriori* y será realizada por un sistema de organización bibliográfica, y muchas veces, reservada a un bibliotecario. Por otro lado, la investigación se refiere a la búsqueda de respuesta para un problema, sea del campo empírico o teórico, y prima por una perspectiva abierta de posibilidades y respuestas. Cuando esta es demasiado controlada dentro de una determinada temática, o queda presa dentro de un sistema de categorías, sus resultados en vez de clarificar los problemas, arrojan más confusión y colocan más velos que ocultan e impiden su comprensión. Esa situación resulta de confundir tema con problema. Confirmamos: se investigan problemas, y no temas.

Otra dificultad se refiere a la elaboración de los propios proyectos. Muchos de ellos contienen afirmaciones, frases categóricas, declaraciones de fe y generalizaciones irrestrictas que dan la impresión de tener todo explicado y que el conocimiento está completo. En tal caso, si los contenidos se refieren al campo de las afirmaciones y la redacción no ofrece ningún espacio para la duda, la interrogación, la sospecha o las hipótesis, entonces, ¿por qué realizar una investigación si todo ya ha sido afirmado. Si el conocimiento ya está elaborado, entonces ¿para qué investigar? En ese sentido, recomendamos que en la redacción de los proyectos predominen las formas interrogativas y las expresiones que identifiquen la postura cuestionadora del investigador y la característica hipotética del proyecto. En este contexto, cualquier afirmación debe estar identificada con alguna fuente, otra investigación u otro autor. Una vez citadas esas afirmaciones, conviene explicitar la duda y el carácter relativo de las mismas, así podrán ser confirmadas o superadas en el caso concreto de cada investigación. En los proyectos, es prudente evitar cualquier afirmación personal. Consideramos que un buen proyecto contiene, fundamentalmente, la identificación de un cuadro problemático (situación problema), indicadores de esa situación, una serie articulada de cuestiones que orientan la búsqueda de respuestas. Esas cuestiones deben ir de tal forma articuladas que puedan traducirse en una pregunta exhaustiva. Una pregunta-síntesis, una y no varias, pues de lo contrario tendríamos no una, sino varias investigaciones, comprometiendo así el rigor lógico de la investigación[2].

Esta primera parte del proyecto (contexto de la pregunta) representa lo más significativo del mismo. Es decir, no existe investigación sin una definición del problema, de las cuestiones y de la pregunta-síntesis. En función de la pregunta y de la claridad de la misma, obtendremos respuestas válidas o pertinentes. En la medida en que la pregunta es consistente y clara, obtenemos respuestas consistentes y claras. A preguntas confusas, insignificantes o obvias corresponden respuestas con las mismas características.

La segunda parte del proyecto, relativa al contexto de la respuesta, debe indicar las fuentes donde encontrar soluciones para cuestiones (documentales, vivas, población, sujetos informantes, eventos observados, etc.), formas e instrumentos de recolección de informaciones, datos, índices, indicadores, etc., útiles para elaborar la respuesta. Debe señalar formas de organizar y sistematizar esas informaciones y presentar un cuadro de referencias, perspectivas teóricas, categorías o núcleos conceptuales a la luz del cual se interpreten los resultados. Tales referencias permiten elaborar, de forma amplia y comprensiva, la respuesta a la pregunta-síntesis que orienta la investigación. Además de esas partes, y generalmente colocadas entre ellas, también es necesario especificar las

---

[2]   Cuando tenemos varias preguntas cualificadas sobre una misma problemática, dependiendo de las condiciones técnicas, como recursos financieros, instalaciones y un grupo de investigadores, tenemos la posibilidad de organizar las preguntas-síntesis de tal manera que correspondan a subproyectos de una investigación grupal, institucional o interinstitucional. Pero cuando apenas tenemos un investigador y la investigación está limitada a un calendario rígido y a plazos limitados por las normas de un programa de posgrado, tendremos que delimitar el proyecto a una pregunta cualificada y pertinente y delimitar las fuentes para garantizar la viabilidad del proyecto.

justificaciones y los objetivos de la investigación. Complementan el proyecto, la bibliografía citada y la bibliografía a ser consultada, lo cual demuestra que para la preparación del proyecto se llevó a cabo una primera revisión bibliográfica sobre otras investigaciones que trabajan la misma problemática y en las que ya fueron identificadas categorías de análisis. Esa bibliografía puede ir organizada por núcleos temáticos tales como: bibliografía sobre el problema estudiado, bibliografía, sobre la relación escuela o comunidad, sobre la formación del maestro, sobre el papel político del educador, etc. La bibliografía anexa que será consultada y ampliada durante el desarrollo de la investigación, servirá de referencia para la elaboración de las categorías o núcleos teóricos que forman el marco u horizonte interpretativo de los resultados. Reafirmamos: se investigan problemas, y no temas. Un proyecto de investigación se refiere a un diagnóstico exhaustivo y riguroso de una problemática. El problema constituye el eje central del proyecto de investigación. Todo proyecto de investigación expresa, fundamentalmente, un problema, cuestiones sobre ese problema y la formulación de una pregunta-síntesis, en forma secundaria, indica algunas posibilidades para elaborar las respuestas. En forma de síntesis, podemos hablar de que el esquema básico del proceso de investigación es el mismo: descansa sobre la relación entre pregunta y respuesta.

Pregunta	Respuesta

Y el esquema básico de un proyecto de investigación puede ser simplificado en la relación simple de una pregunta cualificada y pertinente sobre una problemática y algunos indicadores sobre la posible respuesta a esa pregunta.

Una vez realizada la investigación, las soluciones, los resultados, la interpretación de los mismos, así como la respuesta, su significado y pertinencia serán presentados en un informe, o en el cuerpo informativo de una tesis (maestría, doctorado, etc.). Esos dos documentos están interrelacionados entre sí; sin embargo, las proporciones son diferentes, como lo podemos visualizar en el siguiente esquema.

Proyecto	Pregunta (Problema)	Respuesta (metodología y resultados esperados)
Informe (tesis)	Problema (introducción o metodología)	Respuesta (capítulos, conclusiones)

Considerando las anteriores premisas, el proyecto de investigación por sí mismo no hace referencia a las posibles acciones sobre los problemas o fenómenos estudiados o sobre la calidad de esas acciones, no dice si éstas son o no innovadoras. Sin embargo, una vez realizada la investigación y considerando el tipo de abordaje y la cualidad del diagnóstico resultante del proceso, es posible tener desdoblamientos que propicien acciones no sólo innovadoras, sino que también pueden generar procesos transformadores de esos fenómenos, así como también posibles acciones de control y mantenimiento de los fenómenos tal como están, conservando sus características y equilibrando las posibles disfunciones diagnosticadas. Por ejemplo, proyectos que conducen a resultados descriptivos de un fenómeno dado (perfil del profesor, del alumno, caracterización de las escuelas, identificación de líneas de poder) tiene poca o ninguna perspectiva de cambio; proyectos que buscan identificar relaciones entre agentes de acción y estructuras de poder tienen mayor perspectiva de innovación en la medida en que revelan una dinámica oculta que sugiere alteraciones o modificaciones al interior de las relaciones o estructuras identificadas en el diagnóstico. Por otro lado proyectos que llevan a resultados que identifican conflictos, contradicciones, fuerzas en tensión y coyunturas de acción, sugieren acciones transformadoras, más allá de un simple ajuste o equilibrio y más allá de las actividades renovadoras.

En relación con la perspectiva de aplicabilidad de los resultados o a las perspectivas de cambio de la investigación educativa, Latapí (1994) afirma, con base en estudios realizados en México desde 1977 sobre el problema de la eficacia de la investigación educativa, que no basta señalar la falta de vinculación orgánica entre instituciones de investigación educativa y los agentes de decisión política o la falta de divulgación de los resultados de las investigaciones, sino que:

> *Es probable que una buena proporción de los estudios de calidad que se producen lleguen al conocimiento de los agentes de decisión interesados. Pero los proyectos mismos rara vez incluyen consideraciones o estrategias destinadas a la implantación efectiva de sus resultados" (1994: 35).*

Discutir sobre esas estrategias implícitas en los proyectos, sobre los diferentes tipos de perspectivas de cambio y su relación con los tipos de abordajes de la investigación, nos lleva a otra campo de discusión que presentamos a continuación.

LOS ABORDAJES DE LA PRÁCTICA Y DE LA ACCIÓN EDUCATIVA

Los proyectos de investigación que consideran como eje central los problemas o campos problemáticos sobre los cuales se formulan cuestiones organizadas en torno a una pregunta-síntesis, contienen especificaciones relacionadas con los tipos de abordajes teórico-metodológicos sobre los cuales se sustentan. Veamos esas especificaciones.

Comenzamos por la propia concepción de problema. Una situación o un fenómeno son o no problemáticos según un cuadro comprensivo, generalmente denominado teoría, o de una manera de organizar los elementos que componen ese cuadro o la forma de articular las partes que constituyen el fenómeno. Es decir, el problema es problema en un determinado orden de las cosas. Un problema es problema dentro de una teoría específica. Una piedra es problema dentro del zapato, puede no serlo fuera del zapato. Por ejemplo, un alumno activo y participativo puede generar problemas de disciplina y convertirse en el alumno-problema desde una concepción tradicional de la educación, donde la relación pedagógica está centralizada en el profesor hablante y "verbalista", que establece normas verticales de conducta y exige una paciente receptividad de los alumnos. El mismo alumno será el "modelo ideal" en una perspectiva escolanovista, donde es priorizada la actividad, la participación, la palabra de los alumnos; en este caso, el alumno-problema estará identificado con el aislamiento, la pasividad y el silencio. En ese sentido, para ampliar nuestra discusión sobre la relación entre investigación e innovación educativa, es pertinente detenernos sobre algunos indicadores de las relaciones entre el tipo de abordaje y su potencial de innovación o de transformación. Si relacionamos esta noción de problema a los proyectos de investigación, podemos considerar que algunos problemas son formulados a partir de concepciones teóricas donde la acción o la práctica no son consideradas o no forman parte del cuadro de referencia del problema estudiado. En el caso contrario, algunos problemas parten de considerar la acción o la práctica como parte esencial del cuadro de referencia que comprende el fenómeno o problema investigado. Por ejemplo, problemas relacionados con el desconocimiento del tipo de alumno que asiste a una escuela sugieren respuestas que se traducen en una descripción o un perfil (sin rostro) del alumno. Identifican características, pero no tipos de relación; identifican hábitos y costumbres, pero ningún tipo de actividades; puede indicar intereses, pero no ofrece indicadores de las motivaciones y de las condiciones de la acción. En este caso, esos modelos descriptivos y estáticos ofrecen pocas perspectivas de acción, y muchos menos de una acción calificada como innovadora, debido fundamentalmente a no considerar ese elemento dentro del cuadro de referencia en el cual el desconocimiento del perfil del alumno era el problema central.

Otros indicadores los tomamos de Braybroocoke (1963) quien utiliza un esquema clasificatorio para tipificar las condiciones y los grados de cambio implícitos en la toma de decisión, y que adaptamos aquí para tipificar el grado de cambio propuesto en las investigaciones educativas.

El siguiente cuadro ayuda a explicitar esos diferentes tipos de cambios, entre los cuales podemos ubicar las propuestas innovadoras de acuerdo al tema central de nuestra ponencia.

Veamos a continuación esa matriz que ilustra esta tipificación.

TIPOS DE CAMBIO

	Alta	1. Homeóstasis: Actividad: restaurativa Propósito: manteni- miento Bases: modelos técnicos y control de calidad	4. Metamorfismo Actividad: utópica Propósito: cambio radical Bases: teoría del salto cualitativo
Comprensión o amplitud de la información			
	Baja	2. Incrementalismo: Actividad: crecimiento. Propósito: continuo mejoramiento. Bases: investigación estructurada.	3. Neomovilismo: Actividad: innovadora. Propósito: invención y re- novación. Bases: investigación de nuevos significados.
		Pequeño	Grande

GRADO DE CAMBIO

La primera de las actividades que produce un nivel reducido de cambio es la *homeóstasis,* que propone una actividad restaurativa para conseguir el equilibrio normal en un sistema educacional ya establecido y es guiada por normas y técnicas de rutina. Los cambios propuestos son pequeños y remediables, exige nuevas informaciones, además de las informaciones de rutina y, algunas veces, de informaciones específicas de diferente índole. La investigación consistiría en diagnosticar esos pequeños desequilibrios o la identificación de la parte podrida de la manzana (o del sector conflictivo), para lo cual son necesarias informaciones específicas sobre el sector problemático.

El segundo tipo de actividad busca el *incrementalismo* y tiene como propósito la continua y normal evolución o el mejoramiento del sistema. Esta propuesta es apoyada por un juicio experimentado y en una información estructurada y usada ad doc. El *incrementalismo* está destinado a mantener el equilibrio normal y exige informaciones de rutina con baja amplitud.

Los cambios del tipo *neomovilismo* denotan una actividad innovadora, procuran la invención, la prueba y la definición de soluciones a problemas significativos. Esta innovación está basada en un conocimiento relativamente pequeño, así como un volumen y una amplitud restringida de informaciones; sin embargo, el cambio es grande, motivado por una especie de nueva visión, de nuevos sentidos, por otra manera de organizar las informaciones ya existentes. Innovar exige una conciencia nueva, otras formas de articulación de los sentidos, nuevas perspectivas, una especie de explosión del conocimiento frente a situaciones críticas, una reordenación de los elementos o de las partes constitutivas. La investigación se refiere a estudios exploratorios y heurísticos, a una reestructuración progresiva y regulada del sistema analizado.

Los cambios del tipo "metamorfosis" denotan una actividad utópica para producir una modificación completa en el sistema estudiado; se basan en el pleno conocimiento de cómo son los efectos deseados, también en la teoría de salto cualitativo. Exigen informaciones numerosas y de amplitud mayor, relacionadas con los entornos y contextos en los cuales se ubican los fenómenos o los sistemas estudiados. Se trata de un conocimiento producido y que se caracteriza por identificar los conflictos y la dinámica de los cambios. El carácter crítico de este conocimiento hace referencia a criterios de interrelación con la totalidad social e histórica en la cual se ubica; por ejemplo, el sistema educativo y cultural. La metamorfosis esperada se realiza en función del medio social y cultural y por fuerza de sus determinantes. En este caso, el sistema educativo se transforma en la medida en que se transforman también, la cultura y la sociedad. Para comprender esa tipo de cambio profundo, es necesario un volumen grande de informaciones sobre esas interrelaciones, específicamente sobre la dinámica social dentro de la cual la educación registra la metamorfosis.

A partir de la matriz anterior, podemos trazar las características de los abordajes que contemplan las acciones innovadoras y transformadoras como parte esencial del universo de referencia, es decir, que consideran la educación como una acción o una práctica y la investigación educativa como un diagnostico sistemático, minucioso y comprensivo sobre las diversas formas de esa acción. En ese sentido, Stenhouse afirma : "La investigación es educativa en el grado en que puede relacionarse con la práctica de la educación" (1985: 42). Así, la investigación, entendida como "Una indagación sistemática y mantenida, planificada y autocrítica, sometida a la crítica pública y a las comprobaciones empíricas en donde estas resulten adecuadas" (Stenhouse, 1985: 41) deberá ofrecer respuestas que indiquen estrategias de acción, sean innovadoras o transformadoras de acuerdo con el tipo de cambio propuesto, la cantidad y amplitud de las informaciones recogidas, sistematizadas y organizadas y, fundamentalmente, según el tipo de abordaje teórico-metodológico utilizado.

Las relaciones entre abordajes y tipo de cambios propuestos ya fueron constatadas en otros estudios; veamos esas relaciones en el análisis de una muestra de la producción de los programas de posgrado en Brasil:

> *Relacionando los abordajes con el tipo de actividades y de cambios propuestos, encontramos un elevado índice de correlación entre abordajes empiristas-positivistas y propuestas de cambio a nivel técnico, como actividades restauradoras del equilibrio del sistema o fenómeno estudiado (homeóstasis); entre abordajes funcionalistas y propuestas de actividades en busca de un nuevo equilibrio o un mejoramiento del sistema estudiado (incrementalismo); entre abor-*

dajes estructural-fenomenológicos y propuestas de acciones innovadoras (neomovilismo); entre abordajes crítico-dialécticos y propuestas de transformaciones "utópicas" deseando cambios fundamentales en el fenómeno estudiado (metamorfosis) (Sánchez Gamboa, 1997: 72).

Por otro lado, el potencial de cambio propuesto depende de la amplitud y la cantidad de "masa crítica" que las informaciones recogidas ofrecen. Así, tenemos abordajes que no ofrecen cuestionamientos ni elaboran informaciones que resulten en un diagnóstico profundo e identifiquen un conflicto o una contradicción de tal forma que podemos identificarlos como más o menos críticos. Cada uno de los abordajes se puede diferenciar por un determinado interés critico que orienta tanto la formulación de los problemas como la búsqueda de respuestas.

Fue posible encontrar, por ejemplo, desde la total falta de elementos críticos, o apenas la crítica, hasta la falta de recursos financieros para ampliar el actual sistema educativo, presente en las tesis consideradas empiristas, pasando por la crítica a la distancia entre medios y fines, encontradas en los abordajes funcionalistas; y pasando, también, por la crítica a la transmisión de sentidos acabados o unívocos en los textos didácticos, encontrada en los abordajes considerados fenomenológico-hermenéuticos, hasta las críticas a la escuela capitalista, a la falsa neutralidad de la ciencia y de los métodos, encontradas en las tesis consideradas dialécticocríticas (Sánchez, Gamboa, 1997: 72)

En razón de lo anterior, podemos deducir que la posibilidad que tiene una investigación de ofrecer consideraciones y estrategias de aplicación y de definir la calidad de la acción sugerida depende del tipo o grado de interés crítico que oriente la investigación y, a su vez, del tipo, volumen y amplitud de las informaciones recogidas y organizadas como respuesta a la pregunta generadora de la investigación. Este interés crítico se refiere a la manera de abordar los fenómenos, ya sea aislada y separada de sus contextos o insertada en ellos, si consideramos informaciones o no sobre los mismos.

Por ejemplo, en relación a la manera de abordar los fenómenos, las investigaciones orientadas por los modelos positivistas hacen un recorte de cada fenómeno, delimitándolo y separándolo del contexto. Las variables relacionadas con los entornos –denominadas variables "intervenientes"– son controladas, manteniéndolas invariables y permanentes, o son ignoradas, aislando los fenómenos de su ambiente natural, colocándolos en cámaras de experimentación, donde el ambiente y los contextos son controlados. En ese sentido esos abordajes son no-críticos (cf. Saviani, 1982).

A diferencia del modelo anterior, los abordajes crítico-dialécticos, así como los fenomenológicos, comparten el principio de la contextualización. Es decir, los fenómenos deben ser estudiados considerando sus entornos, sus ambientes naturales, los contextos donde se desarrollan y tienen sentido. En ese sentido, esos abordajes pueden ser considerados críticos. Sin embargo, los abordajes dialécticos, a diferencia de los abordajes fenomenológicos, que para explicar el fenómeno hacen énfasis en la categoría espacio (localización en su medio ambiente natural y/o cultural), dan preminencia a la dialéctica, a las categorías de temporalidad (tiempo) e historicidad (génesis, evolución y transformaciones).

En la fenomenología, son decisivas las categorías espaciales ("topos"); la ubicación de los fenómenos en sus contextos es tan importante que las concepciones de tiempo y de historia forman parte de la composición del escenario donde el fenómeno tiene sentido; son tópicos de una descripción amplia y comprensiva.

Cuando se pretende recuperar el contexto histórico, se hace referencia a las circunstancias temporales que rodean el fenómeno, el cual, como esencia, permanece. Varían apenas sus manifestaciones, sus ropajes y sus escenarios. Es en la composición de esas variaciones donde el tiempo y el contexto histórico adquieren sentido. De esta forma, se reduce la historia a un contexto una vez que no se admite la transformación sustancial del fenómeno, es decir, se niega su "historicidad" (cf. Sánchez Gamboa, 1996a, 1996b). A partir de esos supuestos, podemos deducir que el tipo de cambio propuesto consiste en una innovación que tiene que ver con los nuevos escenarios, los nuevos tiempos; una nueva visión del fenómeno, una nueva articulación del sentido, una nueva estructuración de los ambientes y de los entornos: nuevas ropas, nuevas caras, nuevas figuras, pero preservando las esencias y las estructuras básicas.

Según la dialéctica, el fenómeno está en permanente transformación, siendo determinado por su "historicidad". Para ser comprendido es necesario revelar su dinámica y sus fases de transformación. En este sentido, las fases más desarrolladas son la clave para comprender las menos desarrolladas y viceversa. En la evolución del hombre, la anatomía del chimpancé es la clave para entender la anatomía del hombre. Según el método de la economía política, la forma de producción esclavista es la clave para la comprensión de la economía capitalista, y viceversa, pues son fases diferentes de un mismo proceso de desarrollo, una conteniendo elementos explicativos de la otra (cf. Marx, 1983). Además de esas relaciones, todo fenómenos debe ser entendido como parte de un proceso histórico mayor. En el caso de la educación, sus transformaciones están relacionadas con las transformaciones culturales y sociales. Su dinámica depende de los cambios sociales. Esos cambios son cuantitativos y cualitativos, en la medida en que se acumulan fuerzas y tensionesque producen transformaciones radicales, estructurales (metamorfosis). Para poder comprender esos cambios, necesitamos de una masa grande de informaciones y un amplitud mayor de las mismas, pues para comprender las interrelaciones sociales y las dinámicas de tiempos largos, es preciso recuperar datos que permitan ver el movimiento histórico, la génesis y la transformación de los fenómenos. Como resultado de la investigación, tendremos una "masa crítica" de informaciones que permitirán una comprensión de la dinámica y de las estrategias de acción.

A partir de estas formas de considerar los contextos, se desdoblan conceptualizaciones relacionadas con las teorías pedagógicas críticas. El fenómeno de la educación exige ser considerado en sus relaciones con lo cultural y lo social. La comprensión de la educación exige que se recuperen informaciones sobre la dinámica social en la cual se inserta y tiene sentido; en otras palabras, es necesario comprender la dinámica de la sociedad en donde los procesos educativos se realizan y adquieren sentido. Las visiones no críticas dispensan o ignoran la relación de la educación con la sociedad y buscan su explicación en el interior del propio fenómeno escolar. Dada la primacía de esas relaciones entre educación y sociedad en los abordajes críticos, las acciones posibles en el campo educativo se realizan en función de la sociedad con la cual establece interacciones. Estas interacciones serán tanto más transformadoras, cuanto mejor se articulen con otras formas de la organización social (movimientos de la sociedad civil, organizaciones de clase, partidos políticos, sindicatos, etc.). La articulación de esos movimientos puede constituirse en una coyuntura favorable para la transformación de los sistemas educativos, en la medida en que la correlación de fuerzas permita acumular una masa crítica capaz de resistir a las fuerzas represivas y desmovilizadoras y favorezca la preparación de nuevas acciones, buscando fortalecer los movimientos emancipadores. Los educadores que pretenden desarrollar esas acciones transformadoras deben tener recursos teóricos para realizar análisis de coyuntura y orientar con claridad las acciones educativas apropiadas para cada fase del desarrollo de la sociedad. Las acciones educativas separadas de la dinámica social serán abortadas y se ahogarán frente a las reacciones de otras facetas de la estructura social. Se convierten en aventuras o en focos de acción revolucionaria impotentes de generar, por sí solos, algún tipo de cambio.

POR UNA COMPRENSIÓN DE LA PEDAGOGÍA COMO CIENCIA DE LA ACCIÓN EDUCATIVA

Si retomamos la afirmación de Stenhouse "La investigación es educativa en el grado en que puede relacionarse con la práctica de la educación" (1985: 42), citada anteriormente, tenemos una pista para traer nuestra discusión sobre la investigación al campo de las ciencias de la educación. Se supone aquí el carácter práctico de la educación, pero no todos los abordajes la consideran a partir de ese atributo esencial.

> *Yo considero la investigación en educación la investigación realizada dentro del proyecto educativo y enriquecedora de la empresa educativa. Existe, desde luego, en la historia, la filosofía, la psicología y la sociología, una investigación sobre la educación, efectuada desde el punto de vista de las disciplinas que, acaso incidentalmente, realiza una contribución a la empresa educativa. Cabría decir que ésta es investigación educativa sólo en el sentido que Durkheim nos dio de una investigación suicida.*

Las ciencias de la educación al no poseer un estatuto epistemológico propio, sufren diversas crisis, dentro de las cuales identificamos las relacionadas con su condición de ciencias aplicadas. Condición, que según Stenhouse, la ha llevado al suicidio. El fenómeno educativo se ha constituido en objeto de estudio de varias ciencias: de la biología, la psicología, la sociología, la filosofía, la historia, la economía, la lingüística, etc. De esa forma, los conocimientos sobre los fenómenos educativos resultan de la aplicación de teorías o categorías elaboradas antes en una de esas disciplinas y aplicadas, posteriormente, a la educación. Se crea, así, un proceso circular de elaboración del conocimiento, que toma como punto de partida la teoría de una ciencia (básica), pasa por un campo de aplicación –en este caso, la educación que es tomada como punto de pasaje o de pretexto– y retorna a la teoría, confirmando hipótesis o verificando su "aplicabilidad". A este proceso se le ha denominado "colonialismo epistemológico" pues el campo de la educación es invadido por varias ciencias básicas que aplican allí sus teorías y sus métodos. Esas ciencias se transforman, entonces, en ciencias aplicadas a la educación.

A partir de ese diagnóstico, han surgido estudios que buscan redefinir la educación como un campo de investigación con ca-racterísticas propias y como punto de partida de los procesos del conocimiento para, de esa forma, superar la concepción de campo colonizado, de punto de pasaje o de pretexto, para aplicar o probar hipótesis de las ciencias-madres.

Esos estudios sugieren la redefinición de los puntos de partida y de llegada del conocimiento, alterando el circuito del conocimiento, el cual debe iniciarse en el campo de la educación, Por ejemplo, en el caso de la historia, debe partir de los actos, los eventos y las acciones, de las prácticas educativas. Para elaborar la comprensión y explicación de los mismos, podemos recurrir a las contribuciones teóricas y metodológicas ofrecidas por la historia y por las demás ciencias (carácter multidisciplinar de la propuesta) Sin embargo, el proceso no termina en la interpretación y en la comprensión de las acciones o prácticas a la luz de las diversas teorías y meto-dologías. Ese proceso retornaría al punto de partida, es decir, al campo de la educación, racionalizando cambios en las prácticas educativas o potencializando nuevos actos, eventos o acciones. En este circuito, la educación es considerada como punto de partida y punto de llegada. Se realiza, así, un proceso de comprensión *de* la educación que retorna *para* la educación, es decir, se pretende una comprensión *de* y *para* la educación (cf. Schmied-Kowarzik, 1988). Ese retorno al punto de partida será más rico y comprensivo. Tal concepción toma como base la estrecha relación dialéctica entre la teoría y la práctica. Según la filosofía de la praxis, sólo entendemos la teoría como 'teoría de una práctica" y viceversa, la práctica siempre es "práctica de una teoría". La teoría es entendida como la comprensión *de* la práctica. Es elaborada a partir de la práctica, y, una vez analizada y comprendida debe volver sobre esta en forma de estrategias de acción. De esta manera, se cumple un circuito en que el conocimiento parte de la práctica y vuelve sobre la misma, estableciendo, de esa forma, un criterio de verdad que exige una tensión dialética entre esos dos polos contrarios. Una teoría es válida en la medida en que transforma la práctica y la práctica también es verdadera, en la medida en que transforma la teoría. De esa relación dialéctica, surge el principio de la validez del conocimiento como fuente de transformación de la realidad: "conocer para transformar"[3] .

De acuerdo con los ejemplos anteriores, el nuevo campo episte-mológico de las ciencias de la educación debe ser construido, tomando como punto de partida o como objeto, las prácticas educativas. Para su comprensión recibe la contribución de las teorías oriundas de diversas tradiciones científicas como la filosofía, la sociología, la psicología, la pedagogía, la historia y todas las ciencias que ofrecen su concurso para la comprensión de la educación. Tales contribuciones se articulan sobre el eje de la práctica. El carácter multidisciplinario del nuevo campo epistemológico considera, igualmente, la diversidad y la variabilidad concretas de cada comunidad, sociedad, región o país, que son, en la mayoría de los

---

[3] En ese sentido, la tesis número once de Marx sobre Feuerbach es significativa: "Las filosofías han interpretado la realidad de diferentes maneras, lo que importa es transformarla".

casos, plurinacionales y multibilingües, sometidas a permanentes cambios y a profundas transformaciones.

Algunas pistas a seguir

Después de haber recorrido algunas instancias en que encontramos indicadores de la relación entre investigación e innovación educativa, ya sea en el campo de los proyectos, de los abordajes teórico-metodológicos o en el campo polémico de las ciencias de la educación, indicamos algunas pistas que nos conducen a una mayor comprensión de esa relación.

En el caso de la investigación de la educación escolar, afirmamos con Stenhouse que "serán los profesores quienes, en definitiva, cambiarán el mundo de la escuela, entendiéndola" (1985: 4). Para entenderla, necesitamos investigar su dinámica y diagnosticar sus posibilidades de cambio. Por tanto, debemos procurar abordajes que consideren la acción como categoría básica de la comprensión del fenómeno educativo y que permitan elaborar estrategias para la aplicabilidad de los resultados de la investigación. Esa aproximación lógica entre los puntos de partida (la prácticas educativas), el desarrollo de la investigación centralizada en la comprensión de esa práctica y el punto de llegada, que es la misma acción (comprensión *de* y *para* la práctica), nos permitirá definir mejor las estrategias de intervención. Así, la investigación se convertirá en un instrumento eficiente para la acción innovadora o transformadora de la educación.

Si nos ubicamos en el conflictivo campo epistemológico de las ciencias de la educación, nos urge buscar salidas para la crisis de identidad de las ciencias aplicadas que, oriundas de campos teóricos diferentes, "colonizan" el campo educativo a través de procesos de ajuste y acomodación sin mayores perspectivas innovadoras. Una alternativa para superar el "colonialismo epistemológico" y esa condición de "ciencias aplicadas" consiste en la redefinición de las ciencias de la educación como *ciencias de la acción* y la pedagogía como una *teoría de la práctica educativa*. En ese sentido, el circuito del conocimiento debe definir, como objeto empírico o punto de partida, la práctica concreta de los educadores en las actuales condiciones, de su ejercicio profesional. A partir de esas condiciones debe ser comprendida y explicada, de tal manera que esa comprensión *de* la práctica sea también generadora de nuevas prácticas (comprensión *para* la práctica). Así, las contribuciones de la investigación educacional están más próximas de la acción y son más eficientes en la pretensión de renovar o transformar la actual situación de la educación, pues tanto la teoría como la práctica son entendidas como componentes necesarios de una unidad conceptual: la "práxis humana", en la cual toda teoría se constituye en la racionalización de una práctica y toda práctica en el desarrollo concreto de una teoría (çf. Sánchez Gamboa, 1995).

Los proyectos de investigación parten de la problematización de esa práctica. La transformación de problema en cuestiones exige un proceso de calificación de la pregunta-síntesis, la previsión de las fuentes y formas de organizar los resultados y la construcción de las respuestas. Si tomamos como eje del proceso del diagnóstico a las prácticas educativas concretas, la práctica pedagógica, la practica social, la práctica política, etc., necesitamos optar por abordajes que consideren, según lo anuncia Morin (1990, 1996), la complejidad de los fenómenos involucrados en esas problemáticas. La acción, al igual que la práctica, no puede ser abordada como un fenómeno simple o separada de los otros, pues sus características envuelven un sin número de elementos interrelacionados entre sí y ubicados siempre en contextos también complejos que se encuentran en interacción. La enseñanza no puede ser entendida como un fenómeno aislado y separado del aprendizaje, de los sujetos de esos procesos, de los profesores y alumnos, de las disciplinas, del currículo, de la escuela, la comunidad y la sociedad, las condiciones económicas, sociales y culturales, etc.

Si consideramos que todo conocimiento, para ser válido, debe ser convalidado en la práctica (teoría de la praxis), para comprender la complejidad de los problemas educativos, las exigencias serán más rigurosas y demandarán abordajes teórico-metodológicos apropiados.

Volviendo al punto de partida de nuestra exposición, es decir, el vínculo entre investigación e innovación educativa, finalizamos esta ponencia, destacando algunas ideas centrales: la acción innovadora significa un cambio relativamente profundo, intencional y duradero, con pocas posibilidades de ocurrencia frecuente. La innovación implica una novedosa perspectiva, una nueva visión sobre la realidad que se pretende cambiar; supone una nueva manera de organizar los factores integrantes de los procesos de acción. De acuerdo con las perspectivas indicadas anteriormente (matriz de Brabroocoke, 1963, y las constataciones de Sánchez Gamboa, 1997), las acciones innovadora suponen investigaciones y diagnósticos sobre situaciones críticas, caracterizada por una reorganización del conocimiento ya elaborado, sin exigir gran cantidad de informaciones nuevas. Su carácter innovador está en la nueva visión y la restructuración de los elementos integrantes de la realidad analizada. La identificación de esas situaciones críticas supone ubicarlas en un universo mayor, localizarlas en un contexto de sentido, recuperando informaciones sobre su entorno. En razón de estas necesidades, no todos los abordajes aportan resultados para el conocimiento de esas situaciones críticas. Por ejemplo, los abordajes empírico-analíticos que segmentan y recortan los objetos de estudio, separándolos de sus contexto, así como los modelos funcionalistas que diagnostican desajustes o disfunciones y que exigen acciones de mantenimiento o medidas restauradoras del equilibrio, o los modelos "incrementalistas" que exigen actividades de mejoramiento y crecimiento, todas ellas ofrecen pocas informaciones para la comprensión de esas situaciones críticas.

Las actividades innovadoras suponen investigaciones comprensivas que consideren los contextos y los horizontes de sentido. Los abordajes ecológicos, etnográficos y fenomenológicos, por ejemplo, ofrecen mejores recursos para elaborar las nuevas visiones, la restructuración de campo y la construcción de los nuevos sentidos que exige una acción innovadora.

Bibliografía

BRAYBROOCOKE, C. *Estrategy of Decision.* New York, The Free Press, 1963.

LATAPÍ S. Pablo. *La investigación educativa en México.* México: Fondo de Cultura Económica, 1994.

MARX, Karl. *Contribuição à Crítica da Economia Política,* São Paulo: Martins Fontes, 1983.

MORIN, Edgard. *Introdução ao pensamento complexo.* Lisboa: Instituto Piaget, 1990.

___________. *O problema epistemológico da complexidade,* Lisboa: Publicações Europa-América, 1996.

SÁNCHEZ GAMBOA, Silvio. *A epistemologia da pesquisa em educação.* Campinas: Práxis, 1996a.

___________. "Las categorías de tiempo e historicidad en los actuales enfoques de la historiografía educativa en Brasil" En: CUCUZZA, Héctor Rubén (comp.). *Historia de la Educación en debate,* Buenos Aires: Miño y Dávila Editores, 1996b, p. 170-183.

___________. "Teoría e Prática, uma relação dinâmica e Contraditória" En: *Motrivivência.* UFCS, Florianópolis, (8), 31-48, dic., 1995.

__________. SANTOS FILHO, José Camilo. *Investigación educativa: cantidad -calidad, un debate paradigmático*. Bogotá: Cooperativa Editorial Magisterio, 1997.

SAVIANI, Dermeval. *Escola e democracia*. São Paulo: Cortez e Autores Associados, 1984.

SCHMIED-KOWARZIK. *Pedagogia dialética, de Aristóteles a Paulo Freire*. São Paulo: Brasiliense, 1988.

STENHOUSE, Lawrence. *La investigación como base de la enseñanza*. Madrid: Morata, 1985.

LA INVESTIGACIÓN Y LA INTEGRACIÓN EDUCACIONAL

NÉSTOR HUGO BRAVO SALINAS

Magíster en Educación con especialización en Investigación Educativa. Programa PNUD-UNESCO-UPN. Universidad Pedagógica Nacional. Posgraduado en Lógica y Epistemología, Grupo Carlos Federici, Universidad Nacional de Colombia. Especialista en Gestión y Organización del Trabajo Científico. Universidad Humbolt, Berlín, Alemania. Asesor del programa de formación de docentes en investigación. (SENA, 1991-1993); consultor en Colciencias (1995-1997). Asesor consultor del Convenio Andrés Bello, área de Educación. Asistente técnico del Convenio Andrés Bello, área de Educación. Asesor y miembro del Instituto Alberto Merani para el desarrollo de la inteligencia.
Sus últimas publicaciones son: Análisis y perspectivas. Formación docente: perfeccionamiento y capacitación en América Latina y el Caribe. Pedagogía problémica: acerca de los nuevos paradigmas en educación.

En el presente, existe una opinión unánime sobre la necesidad (del cambio) de la transformación educacional, y para ello se requiere de la integración y la cooperación entre la diversas partes actoras del proceso educativo. Pero, también, están de acuerdo muchos especialistas en que se necesitan nuevas relaciones y modalidades de coperación, ciertamente potenciadas por las tecnologías informáticas, y concebidas a través del trabajo en *Red*, en tanto las redes son algo más que tecnológicas, puesto que significan desbrozar un camino de diálogo, intercambio, facilidad de uso y reglas y propósitos comunes para una acción conjunta.

En la dinámica interna de los sistemas educativos existen actores centrales, cuyo trabajo y desempeño especializado en los sistemas educativos, de hacerse en forma aislada, no sólo hacen perder eficacia a la iniciativa personal, sino que conducen, "a la larga" a resultados de bajo impacto e, incluso, a situaciones de fracaso de proyectos, políticas y estrategias educativas.

Concretamente, me refiero a actores como los *investigadores, a quienes deciden* en política educativa, a los *académicos*, y a los *especialistas en información educacional.*

Por una parte, en un contexto creciente de tensiones sociales financieras y jurídicas, quienes formulan políticas educativas tienen que adoptar decisiones cada vez más transcendentales. En este ámbito, depositar la confianza exclusivamente en el sentido común y en la intuición política, es cada vez más, arriesgado e inadecuado. En este sentido, es fundamental contar con una información y un conocimiento social y científico relevante, que sirva de soporte, a las políticas y estrategias educativas en marcha.

Sin embargo, si bien la producción de conocimientos y su circulación en la comunidad de investigadores se acrecienta y las propuestas teóricas, como modelos conceptuales del saber pedagógico y educativo, se enriquecen, existe un retraso evidente en la aplicación práctica de este conocimiento. Esto lleva, por ejemplo a aceptar en los países de América Latina la existencia de amplios sectores de maestros donde existe conciencia del retraso de las prácticas escolares, lo cual representa una enorme ventaja. Sin embargo, una cosa es la conciencia y otra disponer de respuestas efectivas. Este es el punto donde adquieren relevancia las propuestas alternativas gestadas por grupos docentes: me refiero a las *innovaciones*, que articuladas a procesos de reflexión y cualificación sobre estas experiencias pedagógicas exitosas, ayuden a superar el método frontal de enseñanza y permitan avanzar hacia una cultura de la investigación y la innovación.

Este proceso de mejoramiento, por supuesto, implica la incorporación de las *Redes* como instrumento de diálogo, intercomunicación, cooperación, acción conjunta y generación de comunidades de saber pedagógico. Es de esperar que los intercambios de experiencias innovadoras en alianza con la investigación educativa, al contar con bases de datos y estudios del arte sobre innovaciones en la región (CAB-UNESCO-PREAL), así como con resultados de los encuentros de innovaciones e investigaciones en educación, realizados en Colombia, Chile, Perú, Bolivia y Ecuador, y con los logros de los próximos eventos a celebrarse en Panamá, Cuba, Venezuela y España, dejan disponibles y sitematizadas las mejores experiencias innovadoras que se desarrollan en Iberoamérica uno de los sectores más estratégicos para la transformación y desarrollo educacional.

Junto, a investigadores e innovadores, se encuentran los especialistas en información y documentación, socios importantes en el proceso del cambio educacional, al punto que la destreza en el manejo de la información y el conocimiento, pertinente y oportuno, determinan de manera significativa, la exitosa implementación del cambio.

Esto conduce a esperar, también, una mayor comunicación interactiva entre estos actores de los procesos de reforma, en especial, una creciente cooperación en la producción, uso y administración. Para ello, deben superarse problemas que afectan el uso de la investigación educacional.

Al respecto, existen factores políticos, culturales y sociales que obstaculizan un uso eficaz de los resultados de la investigación y de la información.

Es el caso, de los sistemas educativos aún centralizados que usan resultados de investigación globales para solucionar problemas locales, con el consiguiente desface y bajo impacto.

Otro aspecto es la aceptación de resultados de investigación críticos, que cuestionan la viabilidad o consistencia de una política educativa; en tal caso, no pocas veces se tiende a excluir o rechazar de plano tales estudios.

Asociado a lo anterior, cuando se dan situaciones de aceptación inevitable de los resultados, en los hechos se deben enfrentar no pocas rutinas y resistencias a los cambios incorporados, tratando los intereses afectados de mantener una tendencia de statu quo o, simplemente, de ocultamiento de dichos resultados.

Otro factor importante se refiere a las diferencias de actitud y en consecuencia, de prácticas y desempeños entre quienes deciden, los investigadores y los maestros.

De una parte, quienes deben tomar decisiones se mueven en el rango de la tensión entre lo que es importante y lo que es urgente. Naturalmente, se orientan a la acción inmediata encontrando poco relevante o demasiado difusos los resultados de la investigación, en consecuencia, optan por confiar en su experiencia personal, la intuición política o, simplemente, el sentido común.

Por otra parte, los investigadores se preocupan más por comunicar los resultados de sus trabajos en publicaciones científicas que por adecuar estos resultados a las políticas y estrategias educativas, de manera que su utilización se haga efectiva y viable, que se convierta en decisiones.

De igual forma, los profesores y directivos docentes son muy escépticos en la utilización de resultados de investigación, en la práctica ellos no creen que puedan transferirse las experiencias probadas de un contexto escolar a otro, ni que sea útil teorizar en materia educativa, cuando las urgencias de la escuela les exigen respuestas inmediatas y pragmáticas. No pocas veces, existen enormes dificultades para que estos actores (quienes deciden, investigadores, profesores y administradores educativos) se puedan intercomunicar y comprender, tanto en la acción educativa como en los conceptos pedagógicos, ya que cada uno de estos grupos usa sus propios dominios de experiencia y significación.

Un hecho muy concreto, que puede verificarse en forma cotidiana, es que las estadísticas y las técnicas cuantitativas de la investigación producen aversión a muchos administradores, maestros de aula y funcionarios que tomasn decisiones.

A lo anterior, debemos sumar la falta de sistematicidad y continuidad de los programas de investigación educacional, tanto por los factores de financiamiento y por la inexistencia de una crítica de investigadores en condiciones de aportar conocimiento relevante y confiable, como por la falta de redes y circuitos adecuados de circulación y socialización de la información y la investigación.

• Así, también, es posible constatar la falta de preparación adecuada en el uso de la información de quienes están en los equipos de reforma o se encuentran involucrados en las mismas.

Por ejemplo, en el ámbito descrito: ¿hasta dónde los investigadores educativos reflexionan sobre la aplicación y difusión de los saberes y de la información?, ¿están, en sus programas de investigación, más preocupados por los problemas técnicos de los diseños de investigación que por la solución concreta de problemas socio-educativos?

Por su parte, ¿los especialistas de la información tienen la preparación necesaria para atender las demandas de los usuarios y, en particular, para detectar, a tiempo y en forma adecuada, los requerimientos de los investigadores?

A su vez, ¿quienes deciden en política tienen la oportunidad de apreciar el valor de la información analítica desde una fundamentación científica de la misma?, ¿tienen ellos una adecuada asesoría de los especialistas en información?

En el contexto anterior, cabe preguntarse si en los programas de formación inicial del docente o en los procesos de capacitación y perfeccionamiento docente en servicio, se cualifica a los profesores para "leer" (comprender) y utilizar, en sus clases la investigación básica en pedagogía y educación o aquella basada en la información estadística. ¿Se les estimula y prepara para desarrollar sus propios proyectos de investigación de aula y en el aula para aplicar los resultados de estos estudios a problemas del aprendizaje y del mejoramiento de la labor docente?

Este es un espacio donde el Convenio Andrés Bello ha querido intervenir de manera especial posibilitando, a través del programa de formación docente en investigación educativa, un acceso de los docentes de básica y media a los dominios elementales de los diseños y de las técnicas fundamentales de investigación educacional, para que ello no sólo sea patrimonio de unas elites de investigadores, sino un dominio de significación, comprendido y utilizado desde la base de la comunidad educativa. La idea de una formación básica en investigación no sólo tiene un valor humanístico, en el contexto de una sociedad del conocimiento y la información, en razón de fomentar la cogestión y el trabajo de equipo en los docentes de base, sino tiene, además, una trascendencia epistemológica, en tanto se aspira a formar estudiantes aptos para una sociedad que requiera, cada vez más, del "cerebro de obra" que de la "mano de obra" (C. Vasco). Por tanto, se necesita formar docentes capaces de comprender y construir, desde y en sus ámbitos escolares, un saber teórico y metodológico, así como que puedan evaluar las condiciones para la adquisición de un conocimiento relevante y significativo por parte de sus alumnos. Más aun, si la mejor práctica pedagógica es la del propio ejemplo del educador, entonces es claro que solo un docente investigador puede iniciar a sus alumnos en la tarea de la investigación, rompiendo el círculo de la exclusiva repetición y transmisión mecánica de conocimientos. Desde esta perspectiva, el aula de clases se convierte en un verdadero laboratorio de investigación, cualquiera que sea la asignatura que se utilice.

Otro factor, que desempeña un papeñ importante en el valor de la investigación en los procesos de transformación educacional, es la disponibilidad de la información. Si bien existe abundante información sobre materias educativas, ésta no es funcional para su uso, pues no se encuentra debidamente caracterizada ni sistematizada para su adecuado análisis y utilización. Un ejemplo evidente de esta situación lo constituyen las experiencias innovadoras, profusamente esparcidas en los sistemas, pero sin ninguna memoria analítica que dé cuenta de su significación, validez e impactos potenciales, ni tampoco de seguimientos investigativos que permitan probar su eficiencia y productividad formativa.

A lo anterior, se suman inadecuados o inexistentes sistemas de difusión y administración de la información, lo cual disminuye o debilita los impactos potenciales de la investigación en el planeamiento y desarrollo de las políticas de reforma. A esto se agrega una débil infraestructura del sistema de información y la carencia de personal para administrarlo. Además, la inexistencia de una red confiable para el manejo, intercambio, renovación y mejoramiento de la información, lo cual limita el impacto de la información en los procesos de reforma.

Si a lo expresado, adicionamos la tendencia mundial hacia la descentralización, la necesidad de contar con redes de cobertura nacional (con canales diversificados de información y una alimentación local y regional) se está haciendo cada vez más urgente. En este sentido, los documentos correctamente sintetizados y los resúmenes ejecutivos se abren paso como una forma de comunicación para los planificadores y funcionarios que deciden las políticas y acciones educacionales.

Un factor adicional, no menos importante, es el lenguaje y la forma empleada para comunicar los resultados y conclusiones de los estudios especializados.

Quienes toman decisiones y quienes ejecutan políticas, así como los profesores que las practican, prefieren recibir información en forma sencilla, concisa, fácil de interpretar y ausente de códigos y términos técnicos. En este aspecto, fuera de las barreras idiomáticas en las que se escriben y transmiten los resultados de las investigaciones, también existen entre los países notables diferencias en las metodologías y los indicadores para recolectar e interpretar la información educacional, en especial los datos e información estadística. Además, de inconsistencias técnicas, por ejemplo, en las mediciones de "repitencia", deserción y cobertura, que debilitan la gestión y administración educacional interna de los sistemas, estas dificultades impiden la elaboración de estudios comparados en educación.

Lo anterior conduce a observar cómo la calidad informativa, así como su armonización en lo que respecta a los sistemas estadísticos a través de indicadores básicos comunes, constituye un problema central en términos de su relevancia, consistencia, pertinencia cultural y local, credibilidad y transferencia de los resultados, lo cual influye en el impacto de las investigaciones y en la información concluyente que de éstas se desprenden.

Un último problema, no menos relevante también, es el bajo financiamiento destinado a la investigación educacional, si se le compara con el financiamiento de los programas en ciencias básicas, tecnología y medicina, lo cual induce a realizar un esfuerzo mayor en la investigación educacional para demostrar el valor de su impacto en la toma de decisiones y en el apoyo fundamental que ofrece a la actividad de las reformas, lo cual brinda argumentos para incrementar los fondos y recursos destinados a la investigación educacional.

Los retos del presente

Con vistas a desarrollar un papel más efectivo de la investigación educacional, necesariamente habrá que considerar el tema de la globalización y la modernización para concibirla y comprenderla como el contexto en el que tienen realidad los procesos sociales contemporáneos.

En este sentido, más allá de ver a la globalización sólo como la presencia de una ideología que tiende a explicar todos los imaginarios políticos y culturales desde unos referentes únicos e incuestionables, debemos observar la globalización como un producto, entre otros, de una revolución científico-técnica sin precedentes en la historia humana, que a través del computador, los satélites, las comidas deshidratadas, el teflón, el control remoto, los tejidos sintéticos y tantos otros resultados de la investigación científica, ha entrado definitivamente a nuestras casas, instalándose en la cotidianidad de nuestra existencia, sin saber muchas veces cómo ni por qué. O, al menos conviene intentar comprender la lógica de esta "aldea global", de un mundo unido por el "cable" satelital donde conviven la miseria, el poder del saber, la ignorancia; pero todas las personas ven los mismos programas, nuestros niños escuchan, a pesar de las distintas físicas, la misma música, cantan las mismas canciones y visten las mismas ropas. Sin embargo, sigue siendo difícil convalidar estudios, trabajar o, simplemente, visitar a lo vecinos.[1]

En este sentido, la era de la informática y la comunicación global es también la era de la soledad de muchos pueblos e individuos, y también lo es de los contrastes de saberes y valores de la vida cotidiana. Carlos Fuentes, en uno de sus escritos, nos da cuenta de ello cuando nos narra lo siguiente:

> *Hace algún tiempo viajaba por el Estado de Morelia, en el centro de México, tratando de hallar el lugar de nacimiento de Emiliano Zapata, la aldea de Anenecuito. Me detuve a preguntar a un campesino a qué distancia se encontraba aquella aldea. Me respondió: "Si hubiese caminado usted al despertar el alba, estaría ahora allí". Ese hombre poseía un reloj interno que marcaba su propio tiempo y el de su cultura. Pues los relojes de todos los hombres y mujeres de todas la civilizaciones no están puestos a la misma hora. Una de las maravillas de nuestro mundo amenazado consiste en la variedad de sus experiencias, memorias y ansias. Todo intento de imponer políticas uniformes a esta diversidad es como un preludio a la muerte final.[2]*

---

[1] Véase al respecto: *Documento único por la integración*. Convenio Andrés Bello, 1977.

[2] Citado en nuestra diversidad creativa. *Informe de la comisión mundial de cultura y desarrollo*. Ediciones Unesco-Santillana, 1977.

El desafío, en consecuencia, para América Latina y el Caribe, no consiste sólo en pensar la globalización y tomar posición respecto de ella, sino de comprenderla y concebirla atravesada por crecientes problemas de contaminación, criminalidad, corrupción, pobreza, intolerancia, así como por procesos de multiculturalidad y mestizaje, por la diversidad de culturas que siendo una riqueza, refleja, a la vez, las profundas desigualdades sociales en cada país del continente. En particular, es destacable que los procesos de reforma, modernización y transformación del sistema educacional que se vienen implementando en la casi totalidad de los países de América Latina son, posiblemente, el cambio más sustantivo y radical en los umbrales del próximo siglo.

En 1968, el profesor Philips Combs, en su informe a la Unesco, la crisis mundial de la educación, ya advertía que la educación era un proceso formativo revolucionado por gigantescas y potentes redes de aprendizajes a escala mundial.[3] Hoy es una realidad que impacta a la escuela, al quehacer del maestro y el alumno, generando lo que es llamado de "desterritorialización" social de las prácticas escolares. En especial, transformando los procesos de adquisición, distribución y reproducción de los saberes, puesto que ahora accedemos al conocimiento y a la información por múltiples rutas y desde diferentes lugares. En esta perspectiva, la denominada cultura electrónica visual, incluyendo por supuesto a su más poderoso medio, la televisión, se ha ido posesionando de las mayorías, constituyéndose en un verdadero currículo oculto de la existencia social, modelando gustos y prácticas culturales que lo convierten en un formidable instrumento de educación informal. A esto, debemos adicionar las autopistas de la información en una red poderosísima como internet, donde el alumno inmerso en este

---

[3]   *La crisis mundial de la Educación.* Philips Combs 1968 edición 1988 Editorial Aragrama España.

118

contexto informático, rompe con el esquema tradicional del aula de clase y con el aislamiento de la escuela, donde ya no depende exclusivamente de los conocimientos de su maestro y su autoridad epistemológica, donde puede tener todos los condiscípulos que quiera superando fronteras, etnias, espacios geográficos, religiones; en fin, que tiene a su disposición toda una pluralidad de prácticas culturales.

Por su parte, el educador dispone de un medio formidable para dar a conocer sus proyectos y experiencias de aula, así como para apropiarse de los estudios y resultados pedagógicos de sus homólogos, que le permiten confrontar, complementar y cuestionar su propio desempeño con vistas a potenciar y mejorar los aprendizajes de sus alumnos.

Sin duda, los procesos educativos contemporáneos tienen, hoy, la oportunidad del siglo al contar con los elementos y medios tecnológicos para compartir e intercambiar, desde sus propias aulas y en el lugar de trabajo cotidiano del maestro y el alumno, el saber universal, los desarrollos de las comunidades pedagógicas y escuelas de pensamiento innovador, resultados de investigación y mejoramiento educacional.

Pues bien, si todo lo dicho es importante e inevitable, el resto, al parecer, es apoderarse de las ventajas que ofrece esta tecnología y comprenderla desde nuestra propia capacidad de autodesarrollo y crecimiento humano.

De no hacerlo, corremos el peligro de una nueva colonización, mediante la dominación exclusiva de los espacios de información y conocimiento, como consecuencia del poder que otorga la megaconcentración de la producción y distribución del saber científicamente válido y socialmente relevante. Poder del saber que, en nuestra época de la sociedad del conocimiento, más que en ningún otro período de la historia significa definir y controlar el conjunto de los factores productivos : tierra, capital, trabajo y tecnología, pero, además, los factores asociados a la producción, circulación y consumo así como a la productividad, competitividad y eficacia.

De manera que, en América Latina y el Caribe, sin duda alguna, el gran reto que tienen la educación y los procesos de reforma serán la socialización de la creatividad y la inteligencia colectiva de la comunidad regional latinoamericana, lo cual permitirá desarrollar formas de convivencia y espacios culturales plurales y múltiples que posibiliten a todos (países, grupos y personas), como indicara García Márquez, "Descubrir el prodigio de vivir como iguales en la diferencia".

Y para aterrizar, preguntamos: ¿construir una sociedad del conocimiento en nuestros países no requiere el paso previo de un pensamiento renovado y de un proyecto regional de integración abierto y autónomo para vincularse como actor efectivo a los procesos de globalización y desarrollo?

En esta misma perspectiva, vale preguntarnos: ¿cuales son las dimensiones, los escenarios, los actores y las prioridades en los procesos integracionistas de América Latina?

¿No hay el riesgo de que la dimensión hemisférica (NAFTA) nos mundialice, saltándose a América Latina y sus subregiones y espacios culturales diferenciados?

¿Qué pasa con la dimensión Iberoamericana?[4]

---

[4]   Al respecto, véase relatoría del Foro Andrés Bello de Integración sobre las Reformas Educativas, e-mail.

De lo dicho, podemos inferir que la interculturalidad, la democracia participativa, la integración desde la dimensión humana y el acceso real a los dominos de la cultura científica, estética y ética, serán condiciones vitales (necesarias) sin los cuales todo proyecto de escuela, de país y región no tendrá futuro.

Y esto es así puesto que el escenario de la globalización ha penetrado en la sociedad y en la escuela, universalizando todo e impidiendo construir la autoconciencia propia que toda comunidad humana (nacional y regional) debe tener como referente afirmativo de su existencia. Este es el desafío que espera y convoca a América Latina de cara al futuro, para no sólo descubrir lo que somos. Cuando se entienda que la ganancia no está únicamente en lo que tenemos en común, sino en los nos diferencia, y por tanto nos complementa, potencia y enriquece se habrá dado un gran paso.

Es necesario entender que no es la economización de la cultura y su credo el mercado, sino la culturalización de la economía y su credo el desarrollo humano, donde la heterogeneidad cultural no representa un obstáculo al decir de Canclini, lo que brinda el sustrato fundamental a tener en cuenta para que tanto los proyectos de desarrollo, de ciencia y tecnología, así como las políticas y estrategias educativas, tomen su contenido y orientación transformadora.

En esta perspectiva, tanto el docente como la escuela supondrán una radical transformación. Se trata de una escuela que, superando la exclusiva distribución y consumo de los saberes, el fraccionamiento "asignaturista", el activismo empírico del hacer o el activismo enciclopedista del saber, trace los programas integradores de las bases conceptuales y metodológicas del conocimiento, genere construcciones globales del mundo cosmológico y social para el desempeño y las actuaciones holísticas frente a las dinámicas de la realidad (lo cual implica formación polivalente y perfiles laborales amplios).

Escuela del mañana que jalone el desarrollo evolutivo humano, en condiciones de potenciar las capacidades creadoras de sus comunidades escolares, reconociendo los "diferenciales" del desarrollo individual y que actúa en consecuencia, desde la diversidad humana, y no desde promedios grupales, los cuales sólo existen en las estadísticas educativas, pero nunca en los aprendizajes efectivos.

Escuela que, como proyecto cultural innovador, en permanente recreación, se enrumbe por la dimensión de esa moderna ciudadanía que significa la construcción y el ejercicio de las habilidades sociales y comunicativas para la cooperación y la convivencia.

En este sentido, la calidad de la educación en la institución escolar necesariamente supone recuperar y, en otras ocasiones, producir el sentido de la escuela, entendida como aquel espacio vital de identidad, encuentro, recreación y convivencia de la comunidad escolar.

En este contexto, se requiere, cada vez con mayor urgencia, contar con una masa crítica de investigaciones, en condiciones de estudiar desde los aspectos globales que demarcan los escenarios, procesos y actores que conforman la realidad del hecho educativo, hasta los aspectos básicos y fundamentales de la transformación de los aprendizajes, posibilitando el avance del conocimiento educativo y pedagógico, y con ello, dar mayor validez a las reformas educacionales y las políticas que se proyectan. En este ámbito, es determinante que los investigadores puedan proporcionar resultados inmediatos y utilizables a quienes deben tomar decisiones. En especial, los investigadores deben asumir una participación más activa en las políticas educativas, y no ser simples observadores de los procesos; ellos deben comprometerse con soluciones viables, no solo formular diagnósticos, aplicables al mejoramiento efectivo de los procesos educativos. ¿Cómo mejorar el acceso y permanencia de los estudiantes? ¿cómo hacer más eficiente y sustentable las políticas de equidad? ¿cómo mejorar la efectividad e interacción entre productores y consumidores de la investigación educacional?

Si numerosas poblaciones escolares de Latinoamérica se encuentran iniciando el tránsito de una cultura oral a una cultura escrita (primera alfabetización), ¿será posible proyectar en dichas poblaciones su paso de la lógica de lo escrito, aún débil e imperfecta, a la cultura electrónica visual o de la imagen (segunda alfabetización)? Con qué inmensa dificultad aprenden nuestros niños la lectura y la escritura. Piénsese que más de la mitad (53 por ciento) de los niños latinoamericanos llegan al quinto año de básica primaria sin dominar lo básico y elemental de la lectoescritura. ¿Estos niños podrán dar el salto a la lógica de la imagen con toda su riqueza dinámica y compleja abstracción? Estas y muchas otras interrogantes es posible formularse, por ejemplo, desde la dimensión de la calidad y la pertinencia de los procesos educativos.

Lo que es claro es la necesidad de impulsar una participación más activa y dinámica de los investigaciones en la formulación de políticas, de involucrar a los investigadores con las innovaciones educativas para valorar su productividad y capacidad de respuesta.

Así mismo, es necesario posibilitar investigaciones educativas desde una lógica más holística, donde coparticipen comprensivamente diversas disciplinas para enfrentar y producir respuestas efectivas a problemas educativos multidimensionales que involucran aspectos políticos, culturales, sociales y cognitivos.

De igual manera, conviene concretar un trabajo conjunto, desde una lógica comunicativa, entre investigadores; es oportuno generar decisiones en política educativa y expertos en información y difusión del conocimiento (J. C. Tedesco. O. I. E.) para dar una base de sustentabilidad y profundidad a los procesos de reforma.

La etnografía como herramienta educativa en el aula

Hugo Cerda Gutiérrez

Psicopedagogo e investigador. Con estudios en el Instituto Pedagógico de la Universidad de Chile. Autor de los libros La investigación total *y* Cómo elaborar proyectos. *Ha sido docente e investigador de universidades e instituciones educativas de Chile, Perú, Ecuador, Colombia, Venezuela y México. Es director de seminarios investigativos de la Facultad de Educación de la Universidad de San Buenaventura y responsable del taller sobre metodología de la investigación en la Maestría de Evaluación Escolar y Desarrollo Educativo Regional de la Universidad Pedagógica Nacional.*

Algunas consideraciones preliminares

Así como la investigación-acción participativa con los años se fue despolitizando, fue perdiendo su carácter militante al servicio de la lucha política y social, y se incorporó como instrumento de apoyo al trabajo pedagógico y educativo, la etnografía que tradicionalmente se asoció con el trabajo de los antropólogos y los sociólogos, particularmente como herramienta descriptiva y de reconstrucción analítica de los escenarios y grupos culturales, en esta última década comienza a tener una significativa importancia como investigación de aula que busca, muchas veces sin proponérselo, integrar en una misma persona dos funciones básicas del trabajo educativo: la producción de conocimiento y su aplicabilidad en la práctica educativa. Durante estos últimos años, el sueño ideal de nuestros sistemas educativos siempre ha sido el conciliar la investigación con la pedagogía, la producción de conocimientos con su aplicación en el aula. O sea, romper, la barrera, supuestamente infranqueable, entre el productor y el consumidor de conocimientos, tipificado por la presencia de un investigador que percibe el trabajo pedagógico como una labor puramente artesanal y un maestro repetidor de fórmulas y pasivo receptor del trabajo del científico o del creador. La mayoría de los intentos por configurar la fórmula mágica docente-investigador o, quizás, investigador-docente en Colombia, donde se alcanzara un equilibrio entre la transmisión de conocimientos y la producción intelectual o científica, fracaso. Y las causas se convirtieron en los lugares comunes de todas estas frustradas experiencias: falta de apoyo económico al trabajo de los docentes, ausencia de espacios académicos para este tipo de trabajo, prejuicios de los investigadores que consideraban la pedagogía como una actividad subsidiaria y secundaria, falta de formación teórica, metodológica y técnica de los maestros para asumir responsabilidades investigativas, etc.

Pero la ausencia de políticas y acciones institucionales que propiciaran la articulación entre docencia y investigación, hizo tomar conciencia a muchos maestros sobre la necesidad de utilizar experimentalmente algunas técnicas que durante mucho tiempo se asociaron con disciplinas como la sociología y la antropología, y teóricamente con los paradigmas cualitativos, (etnografía, acción participativa, estudios de caso, etc.). A diferencia del investigador externo y ajeno al trabajo pedagógico, el maestro poseía una experiencia propia y permanente, la cual le permitía entender mejor los múltiples aspectos que rodean su actividad; de ahí la importancia que reviste para éste el uso de algunas técnicas que le permitieran involucrarse directamente en el proceso pedagógico no sólo como docente, sino principalmente como investigador. Y la investigación etnográfica con una concepción sobre un trabajo de campo "libre de supuestos y ataduras teóricas", satisfacía las exigencias de una praxis pedagógica que demandaba acciones y procesos dinámicos. Para autores como Peter Woods, la etnografía educativa:

> *presenta condiciones particularmente favorables para contribuir a zanjar el hiato entre investigador y maestro, entre la investigación educativa y la práctica docente, entre la teoría y la práctica.*[1]

El aula ha sido tradicionalmente el espacio donde se concentra el interés de los investigadores porque, a la postre esta ha sido un pequeño microcosmos en el cual se reflejan los fenómenos que participan en la escuela, en el proceso educativo y en el contexto donde se insertan. A simple vista, y sin necesidad de profundizar mucho sobre el asunto, en el aula se destacan tres fenómenos en los cuales se ha centrado el interés de los investigadores: los procesos de interacción, las subculturas que se dan en el aula y en la escuela y, naturalmente, los procesos de enseñanza y aprendizaje.

---

[1] WOODS, Peter. "La escuela por dentro. La etnografía en la investigación educativa". Barcelona: Paidós, 1989.

Hace algunas décadas atrás, las técnicas cuantitativas fueron las únicas alternativas de investigación que se dieron en la escuela, particularmente técnicas de observación estructurada, pruebas sociométricas, técnicas para la medición de actitudes y para medir la eficiencia de la escuela. En un ámbito donde las interacciones entre profesor-alumno y los procesos que se desarrollan son dinámicos, cambiantes y complejos, la mayoría de las veces estas técnicas fueron incapaces de captar la calidad y riqueza de los procesos.

Sin negar su valor como procedimientos que le dan regularidad y precisión a la realidad observada, las técnicas cuantitativas para que tengan plena validez deben ser complementadas con técnicas más cualitativas que estén en condiciones de percibir más globalmente los fenómenos observados y en particular, las tensiones, conflictos y contradicciones que se dan en estas interacciones. De ahí que las técnicas no estructuradas, participantes y focalizadas, y especialmente las técnicas etnográficas y propias de las historias de vida comienzan tener una significativa importancia en la investigación de la escuela y del aula.

La experiencia nos ha enseñado que los procesos de interacción entre maestro y alumnos poseen facetas muy diferentes, las cuales pueden centrarse en la participación oral del profesor, los estímulos a las iniciativas personales, el trabajo personal dirigido, la participación oral del alumno bajo la dirección del profesor y en todos los tipos de trabajo que se dan en este contexto. Estos conflictos personales, de roles o grupales que se dan en estas interacciones, además de identificarlos y caracterizarlos, deben ser analizados y comprendidos por quienes les corresponde investigarlos. Lo ideal es que el propio profesor se encargue de hacerlo, y por medio de procedimientos participativos logre integrar en su persona las funciones pedagógicas e investigativas.

Una de las grandes preocupaciones de la etnografía educativa ha sido el estudio de las diversas subculturas que se conjugan en el aula, llámense valores, normas, actitudes, creencias y conductas de un determinado grupo social. No hay que olvidar que en un aula participan niños y maestros que pertenecen a clases sociales, edades y culturas diferentes, que tienen lenguajes, intereses y funciones también diferentes que necesariamente deben coexistir. Pero la principal forma de subcultura es, sin lugar a dudas, la del estudiante, que como sabemos tiene su propia forma de ver y percibir la escuela, las formas de enseñar y aprender, los sistemas de calificaciones y de promoción, el rol de profesor, etc. No es tan fácil penetrar en esta subcultura estudiantil que tiene sus propias reglas, valores e intereses. Algunos utilizan el término "cultura escolar" para referirse a esta realidad tan propia y sui generis de quienes participan en el proceso escolar.

Y los modelos de interacción en el proceso de enseñanza-aprendizaje es otro tema fundamental en el contexto del aula, y que desgraciadamente no ha sido estudiado con la visión humana y social que exige un fenómeno que no se puede reducir a aspectos puramente metodológicos, técnicos e institucionales. ¿Cómo enseña el maestro? ¿Qué aprende el estudiante? ¿Cómo percibe el estudiante la función docente del profesor? ¿Qué piensa y siente el estudiante en este contexto? Son numerosas las preguntas que surgen frente a un proceso donde el sentir y el pensar extraescolar no siempre tienen significación. La cultura es un tema que reviste gran interés para una etnografía educativa que centra su atención en todas las conductas verbales y no verbales del estudiante, su lenguaje y sus actitudes frente al maestro y la escuela, que a la postre pueden constituirse en los factores que pueden determinar el éxito o el fracaso del trabajo escolar.

¿Porqué la etnografía educativa?

La "etnografía" es un término básicamente proveniente de la antropología, aunque en la tradición anglosajona se utiliza también en la sociología y, muy recientemente, en los procesos educativos. Para algunos autores, correspondería a los primeros pasos de la investigación, quizás porque se centra principalmente su trabajo en la recolección de datos, observaciones y descripciones. Durante mucho tiempo, se le asoció con la actividad antropológica y sólo recién en la década de los sesentas comenzó a incursionar en el campo educativo, lo cual provocó múltiples reacciones. Por un lado fue rechazada porque no cumplía las reglas teóricas y metodológicas de la concepción positivista, dominante en la investigación científica y, por el otro, se le quiso convertir en la panacea de las técnicas y métodos innovadores.

Según J. P. Goetz y M. D. LeCompte.

> *Además de producto, la etnografía es un proceso, una forma de estudiar la vida humana. El diseño etnográfico requiere estrategias de investigación que conduzcan a la reconstrucción cultural.* Primero, *las estrategias utilizadas proporcionan datos fenomenológicos; éstos representan la concepción del mundo de los participantes que están siendo investigados, de forma que sus constructos se utilicen para estructurar la investigación.* Segundo, *las estrategias etnográficas de investigación son empíricas y naturalistas. Se recurre a la observación participante y no participante para obtener datos empíricos de primera mano de los fenómenos tal como se dan en los escenarios del mundo real, procurando los investigadores evitar la manipulación intencional de las variables del estudio.* Tercero, *la*

investigación etnográfica tiene un carácter holista. Pretende construir descripciones de fenómenos globales en sus diversos contextos y determinar, a partir de ellas, las complejas conexiones de causas y consecuencias que afectan el comportamiento y las creencias en relación con dichos fenómenos. La etnografía es multimodal o ecléctica; los etnógrafos emplean una variada gama de técnicas para obtener sus datos.[2]

La capacidad para describir el modo de vida de la personas y de aportar valiosos datos descriptivos de los contextos, actividades y creencias de los participantes en los escenarios educativos, sobre todo en escenarios pequeños, relativamente homogéneos y geográficamente limitados, permitió la incorporación de la etnografía en el contexto educativo, donde por lo general ha sido empleada con mucho éxito en el estudio de la interacción de alumnos y profesores en el aula de clase, en la vida estudiantil de una escuela, en la metodología y estilos de enseñanza, en la caracterización de los ambientes de aprendizaje, de la cultura escolar, de la supervisión de la escuela, etc. Como estudio antropológico que es en su base, la *microetnografía* en la educación tiene su centro conductor en la descripción de la cultura y subcultura de los grupos estudiados y sus formas de trabajo.

Aunque el término "etnografía educativa" es de vieja data, ya que los antropólogos Levi-Strauss, Radcliffe-Brown y otros hacían referencia a éste como parte de sus trabajos de antropología social y cultural, sólo en estas últimas décadas se percibe un interés por incorporarla como método y técnica de trabajo en la escuela y en el contexto educativo. Primero se introdujo como método y

---

[2]   GOETZ, J. P. y LECOMPTE, M. D. *Etnografía y diseño cualitativo en investigación educativa.* Madrid: Ed. Morata, 1984.

132

estrategia investigativa destinada a aportar información sobre el estudiante, el acto educativo y el medio donde se desarrollaba, y con el tiempo se transformó en una experiencia educativa donde se integran la producción de conocimientos con el propio trabajo pedagógico. Hoy día algunos docentes hacen referencia a una *pedagogía etnográfica,* o quizás a una concepción etnográfica de la pedagogía, para referirse a una modalidad que permite al maestro observar la interacción social en situaciones "naturales", acceder a fenómenos no documentados, contextuar y conservar la complejidad de los procesos sociales, descubrir el saber cultural de un grupo de personas y la forma como ese saber cultural es empleado en las interacciones y en el propio proceso de enseñanza. La reconstrucción de las prácticas escolares como manifestación de una realidad socialmente condicionada constituye una experiencia vital para el trabajo pedagógico. Es en la sala de clases y en la vida cotidiana de la escuela donde se manifiesta permanentemente una serie de pautas de relación es socialmente establecidas, y cuyos significados manifiestos y latentes deben ser develados a fin de comprender los procesos sociales que conforman la realidad escolar.

¿Qué métodos y procedimientos utiliza la etnografía educativa en su campo de trabajo? Fundamentalmente, intenta reconstruir la realidad a partir de los acontecimientos observados y de las significaciones que los propios sujetos otorgan a los acontecimientos, y no como una mera atribución impuesta por el modelo o categorías que utilice el investigador. De este modo, en relación al problema de investigación, no se parte de una hipótesis que se quieren verificar a lo largo del proceso de estudio. El problema es entendido como un campo de observación donde se procura comprender las características culturales de la escuela que podrían estar favoreciendo, por ejemplo, el fracaso de los niños pertenecientes a los sectores populares. En este sentido, se trata de profundizar en la comprensión del problema para que los propios actores y responsables de los procesos educativos puedan plantearse, a su vez, el mismo problema en toda su complejidad y homogeneidad. En otras palabras aquí se procura plantear un problema "desde abajo", con el fin de tener como interlocutores básicos a los propios profesores que intentan superar el problema del fracaso escolar. Ellos deberán apropiarse de los resultados de la investigación, reflexionando en torno a éstos a partir de su propia experiencia.

La mayoría de los autores e investigadores coinciden en el hecho que una etnografía escolar para que sea adecuada debe incluir tanto los acontecimientos internos de la sala de clases y de la escuela como el estudio de las fuerzas que la moldean. Pero de ninguna manera el análisis se agota en la interpretación de los fenómenos observados y descritos. Es necesario ligar los fenómenos observados al contexto social y cultural en que se encuentra inmersa la institución escolar. El análisis no permanece sólo a nivel del aula de clases. Es necesario relacionar los acontecimientos observados con la realidad de la escuela, con el sistema escolar y con el contexto social y cultural en que se encuentra inmersa.

Cuando recién hace algunas décadas atrás se comenzó a utilizar los procedimientos etnográficos en la escuela, se dieron muchas discusiones en torno a la naturaleza ateórica de la etnografía tradicional que algunos interpretaban como la ausencia de categorías preestablecidas y de preconcepciones que podían condicionar o desvirtuar el trabajo descriptivo, o que podían derivar en interpretaciones sesgadas. Ello le dio mala fama a la etnografía y muchos le quitaron su condición de "método investigativo" y simplemente la tildaron de "técnica para recopilar información". Y es curioso como a muchos pedagogos les atrajo la idea de eliminar cualquier teoría que les pudiera cuestionar su empirismo y funcionalismo pedagógico, por eso apoyaron la posibilidad de desarrollar hipótesis que surgieran de la realidad, que se puso de moda entre quienes consideraban que la presencia de la teoría era una forma de someterse a los postulados positivistas. Entre estos sectores, se popularizaron las concepciones de Glaser y Strauss quienes afirmaban que:

> *Generar una teoría desde los datos no sólo es una demostración de que la mayoría de las hipótesis y conceptos viene de los datos, sino que estos elementos son trabajados sistemáticamente en relación a los datos durante el curso de la investigación. Generar una teoría implica un proceso de investigación.[3]*

Estos sectores perciben el proceso pedagógico como una praxis libre de condicionamientos teóricos y son partidarios de estrategias inductivas, y se oponen a hacer teoría a partir de premisas ya establecidas. Con los años, y en la medida que se superó la etapa experimental, se tomó conciencia de que no era tan importante si la teoría surgía antes, durante o después del proceso educativo, sino lo fundamental no era desconocer la importancia de la teoría para acceder a la comprensión de la realidad. Por eso, hoy día, en la mayoría de las aplicaciones actuales, las categorías y los conceptos previos, presentes en toda investigación, tienden a flexibilizarse y así posibilitar la comprensión de las categorías del sujeto observado. Esta flexibilidad se requiere para reconocer los cambios que las categorías pueden ir experimentando en el transcurso de una investigación. Es por ello que se dice que el producto etnográfico es, necesariamente, una síntesis de dos modelos de la realidad social: la del investigador y la del sujeto de estudio.

La etnografía educativa adopta las mismas formas de trabajo y concepciones que la etnografía tradicional, las cuales, según Kathleen Wilcox, se pueden reducir a cuatro aspectos fundamentales:

– Abandona las preconcepciones frente a los fenómenos sociales observados y explora la manera como aquellos son vistos y construídos por sus participantes.

---

[3]   GLASER, B. G. y STRAUSS, A. L. *The Discovery of Grounded Theory.* London: Weidenfeld et Nicolson, 1967.

– Convierte lo conocido en extraño, lo común en extraordinario, registra lo que se da por hecho e indaga sobre las razones del porqué existe, cómo es y de qué manera.

– Asume que para comprender lo particular se necesita relacionarlo con su medio, con su contexto.

– Utiliza la teoría social existente sobre el problema o el fenómeno estudiado para guiar la propia investigación

EL AULA DE CLASES UN OBJETIVO DE LA MICROETNOGRAFÍA

Uno de los espacios educativos donde en los últimos tiempos ha ganado más terreno la etnografía educativa es, sin lugar, el aula de clase, tradicionalmente relegada a un lugar marginal entre las actividades investigativas. Quiérase o no, en el aula de clases se reflejan los aspectos más significativos de la escuela y allí es donde podemos reconstruir con mayor facilidad los modos de enseñar y, en general, todo aquello que tiene relación con lo que se enseña, cómo se enseña, qué se aprende, por qué se aprueba, cómo es la interacción maestro-alumno, qué sucede al interior del salón de clases, cómo es el clima emocional, etc. Por medio del trabajo etnográfico se ha podido reconstruir una cultura del aula que nos permite identificar los factores más significativos de la docencia, evaluar los niveles de participación del estudiante y definir el valor de la participación en el aula como un aprendizaje social.

Una de las pioneras en Colombia de la investigación etnográfica aplicada en la escuela y, particularmente, en el aula de clase, es sin lugar a dudas Araceli de Tezanos, quien realizó importantes trabajos con estudiantes y profesores de la Universidad Pedagógica Nacional, particularmente en el aula escolar (actos escolares, entrada y salida de los alumnos, recreo, reuniones de padres de familia y de maestros). En una publicación ya clásica en este terreno, escuela y comunidad: un problema de sentido, de Tezanos afirma:

> *En este trabajo intentamos examinar la situación de aprendizaje, analizando algunas escuelas primarias de Colombia, para encontrar por qué y cómo los maestros contribuyen al éxito o al fracaso de sus alumnos, con relación a los requerimientos del sistema escolar.*[4]

Aquí la microetnografía es desarrollada como una perspectiva de investigación en el campo educativo y, a través de ella, se plantea un sistemático y detallado estudio de los diferentes eventos conductuales de un grupo de personas previamente demarcado en unidades de tiempo y espacio. De esta manera, el salón de clases, la actividad profesor-alumno, los momentos de descanso o cualquier situación de la vida cotidiana, se convierten en figuras estelares de la investigación. Hay que recordar que el psiquiatra francés Abraham Moles que realizó estudios en el campo de la micropsicología y de la sociopsicología, le concede una importancia fundamental a la realidad cotidiana y a la personalidad del hombre empírico, y que algunos identifican con el nombre de "pequeña psicología". Esta se centra en el estudio de las cosas que se hacen obligatoriamente todos los días. Así, dado que la jornada de labor se ha transformado en un automatismo, en una rutina en la que no se piensa, no reviste interés para la psicología general, aunque se le asigne un lugar destacado en la psicología industrial como una rama desgajada del conjunto. Sin embargo,

---

[4]   DE TEZANOS, Araceli y otros. *Escuela y comunidad: un problema de sentido*. Bogotá: Universidad Pedagógica Nacional, CIUP, 1983.

para Moles, este formidable factor impuesto a la vida del hombre como el aire que respira, nuclea numerosas y fundamentales respuestas psicológicas, e impone su influencia en la concepción del mundo y de la vida, en la cultura y en sus costumbres, en sus recreaciones y actividades domésticas, en suma, en la ideología y cultura del individuo.[5]

De ahí la importancia que reviste para el observador la cotidianidad escolar, con todas sus interacciones, comportamientos, formas de trabajo, expresiones, etc., que a juicio de los etnógrafos sirve para caracterizar mejor el trabajo escolar que cualquier investigación o evaluación convencional.

También, son ampliamente conocidas las experiencias adelantadas por algunos investigadores y pedagogos chilenos y argentinos que han utilizado la investigación etnográfica para comprender las condiciones en las cuales se desarrolla la cultura escolar que podría estar afectando el bajo rendimiento de ciertos alumnos. De esta manera se procura aportar elementos que permitan una nueva forma de mirar los problemas educativos desde la cotidianidad de la vida escolar, lo cual se traduce en una reconstrucción de los procesos que se desarrollan en el interior del aula. Y a partir de esta concepción, se plantean numerosos objetivos específicos que a su vez, van a servir para plantearse numerosas interrogantes. La etnografía se plantea como premisa el observar la interacción social en situaciones "naturales", acceder a fenómenos no documentados, a contextuar y conservar la complejidad de los procesos sociales, descubrir el saber cultural de un grupo de personas y la forma cómo ese saber cultural es empleado en las interacciones sociales.

---

[5]   CERDA GUTIÉRREZ, Hugo. "La realidad de lo cotidiano en una investigación y en una experiencia comunitaria". En: *Revista Itinerario Educativo*. Universidad de San Buenaventura nº 10, Bogotá, 1990.

El Programa Interdisciplinario de Investigaciones en Educación (PIIE), de Santiago de Chile, realizó en la década de los años ochentas, diversos estudios etnográficos orientados al aula escolar, entre los cuales hay que destacar aquellos que buscaban comprender las condiciones en las cuales se desarrolla la cultura escolar y sus grados de incidencia en el bajo rendimiento de los alumnos. Al igual que la mayoría de las propuestas etnográficas, se buscaba percibir los problemas educativos desde la cotidianidad de la vida escolar. Sus objetivos principales eran reconstruir la interacción maestro-alumno en el aula de clases con el fin de revelar la dinámica que adquieren los procesos de enseñanza-aprendizaje y su efecto en los niños de los primeros años de enseñanza básica. De igual manera, se buscaba reconocer el significado que otorgaban al fracaso y éxito escolar los maestros, alumnos, padres y autoridades de la escuela. A través de una percepción integrada de la realidad, se buscaba comprender las categorías sociales utilizadas por los actores del proceso educativo. Para el estudio etnográfico, tenían más relevancia más los procesos que los resultados, y se buscaba comprender los eventos educativos investigados desde el interior del contexto de situaciones naturales. Hay que recordar que una de las características esenciales de este enfoque es la comprensión del fenómeno en una globalidad que le dé sentido. La realidad escolar está compuesta por los elementos que logran su sustantividad en la relación de los elementos entre sí y respecto al todo del cual forman parte. Por lo tanto, se procuran percibir los elementos en la unidad de ese todo, y no en forma segmentada. Hay que recordar que la investigación etnográfica busca registrar la realidad para reconstruirla a partir de los acontecimientos observados y de las significaciones que los propios sujetos otorgan a los acontecimientos, y no como una atribución impuesta por el modelo o categoría que utilice el investigador. Se podría entender esta atribución básicamente como un problema de poder, donde se deben considerar con apertura total las categorías del sujeto observado para llegar a una cabal comprensión desde el punto de vista del otro. No se trata de llegar desnudos a entender una situación, ya que cada investigador posee una historia, una propia visión del mundo, nociones *internalizadas* y teorías construidas.

Han sido muy importantes los estudios etnográficos referidos a la cultura escolar, la cual se relaciona con una práctica cotidiana que muchas veces rebasa todos los modelos pedagógicos desarrollados. Comprender las condiciones en las cuales se desarrolla la cultura escolar, lo cual podría estar afectando el bajo rendimiento de ciertos alumnos, se ha constituido en un tema estudiado por diversos investigadores. Desde esta perspectiva, se busca aportar elementos que permitan una nueva forma de mirar los problemas educativos desde la cotidianidad de la vida escolar. Esto se traduce en una reconstrucción de los procesos que se desarrollan al interior del aula con el propósito de develar la dinámica que adquieren los procesos de enseñanza-aprendizaje y su efecto en los niños. De esta manera, se busca reconocer el significado que le otorgan al fracaso y al éxito escolar los maestros, alumnos, padres y autoridades de una escuela. Y en este contexto, se aspira a caracterizar las particularidades que presentan los niños considerados como "fracasos" dentro de la escuela.

Algunas experiencias etnográficas en aula adelantadas por Peter Woods, Wolcott, Glaser, Strauss y otros, nos muestran el valor de la participación en el aula como un aprendizaje social, que puede ayudar a impulsar el desarrollo intelectual y moral de los estudiantes. A través de un trabajo de investigación casi artesanal, estos autores nos aportan numerosos testimonios sobre los alcances y dimensiones de los procesos de *enculturación* y de socialización, lo cual permite comprender mejor los aprendizajes producidos en el propio contexto social. Lo mismo podríamos decir sobre el trabajo destinado a la construcción de la cultura en el aula, pero no a partir de teorías o supuestos teóricos sobre la historia de la pedagogía, sino a través del la praxis pedagógica. El tema de la participación del estudiante en el aula, que a la postre se constituye en un factor de desarrollo intelectual, moral y de compromiso con el aula, ha sido desarrollado mediante un proceso participativo donde se involucran formas de trabajo propias de la investigación etnográfica y de la acción-participativa. Pero donde parece haber penetrado con mayor profundidad el trabajo etnográfico es en la identificación, caracterización y comprensión de la cultura informal del aula, que algunos llaman de subcultura estudiantil. Muchos maestros tienen serios problemas para ser admitidos en la cultura y realidad vital de los alumnos. No basta con flexibilizar los métodos y formas de trabajo del profesor, sino conocer el lenguaje de los estudiantes, sus creencias, valores y costumbres, lo cual a la postre, facilita cualquier tipo de comunicación. El dinamismo y la flexibilidad de los métodos y las técnicas etnográficas facilitan el acceso a un mundo cuyo conocimiento ayuda a desarrollar el proceso de comunicación entre alumno y maestro.

La mayoría de los autores que han trabajado en este contexto consideran que es en el aula de clases, en la vida cotidiana de la escuela, donde se manifiesta permanentemente una serie de pautas de relación socialmente establecidas y cuyos significados manifiestos y latentes deben ser develados a fin de comprender los procesos sociales que conforman la realidad escolar. Y es precisamente en el aula de clases donde se despliegan estos valores de la cotidianidad Y si hablamos de aula de clases nos estamos refiriendo al aula como espacio pedagógico donde el maestro y los estudiantes despliegan su potencial intelectual, social y afectivo. Es, a la postre, el espacio natural del proceso de enseñanza-aprendizaje.

TENDENCIAS INVESTIGATIVAS EN EL PROGRAMA DE ESTUDIOS CIENTÍFICOS EN EDUCACIÓN

MYRIAN HENAO WILLES

Socióloga de la Universidad de la Salle. Especialista en proyectos de Educación Superior de la Fundación Getulio Vargas de Brasil. Ha trabajado como investigadora de estudios políticos de la Universidad Nacional. Investigadora principal de la Misión de Ciencia y Tecnología. Subdirectora de Fomento del ICFES. Asesora de varias universidades para planeación académica.
Ha publicado en revistas y libros entre ellos Agricultura y cambio técnico.

Abordar el tema de la investigación en educación hace parte del avance que ha tenido la labor educativa en el país. Las diversas perspectivas culturales, sociales, económicas y pedagógicas que nos caracterizan, hacen cada vez más indispensable la intensificación de la actividad investigativa y científica en educación. Son tan amplias y complejas las realidades del entorno local, regional y nacional que es imposible reflexionar sobre nuevos derroteros, nuevas políticas públicas o futuros planes de desarrollo sin que se fortalezca la base de conocimientos disponibles sobre la dimensión educativa.

La investigación en educación es un recurso básico para la transformación de las prácticas educativas, para el replanteamiento de las relaciones entre el conocimiento, la escuela y la sociedad y, también, es el punto de partida hacia la conjugación de esfuerzos que articulen los desarrollos de la ciencia y la tecnología con la educación, en la mira de una sociedad abierta, flexible y pluralista.

La investigación en educación adquiere sentido en la medida en que sus resultados se transformen en cambios sustanciales del sistema educativo, lo que conlleva a la necesidad de estimular los vínculos entre los resultados de la investigación en educación, las decisiones de las políticas públicas y las orientaciones del maestro en su aula de clase. Colombia presenta, desde la década de los años setenta, una acción sistemática de investigación en educación, período durante el cual ha acumulado valiosas competencias investigativas de diversa índole y de muy diversas tendencias epistemológicas, pedagógicas, metodológicas, pero aún solo ha logrado tímidos acercamientos a la solución y comprensión de los grandes problemas educativos nacionales.

Sin desconocer el papel cumplido por las recientes misiones sobre educación, ciencia y tecnología, en cuanto a la formulación de diagnósticos esclarecedores y de recomendaciones pertinentes que en parte ya iluminan algunas de las políticas estatales, se considera que aún prevalece la mirada a corto plazo, basada en estudios de coyuntura, y no la mirada de largo aliento apoyada en procesos de investigación sistemáticos.

Es indiscutible entonces, la necesidad de emprender acciones que permitan un doble impacto: de una parte, acciones que fomenten y fortalezcan los grupos de investigación, las redes, los centros y nuevas líneas de investigación en educación, y de otra, acciones que favorezcan y estrechen los nexos entre investigación en educación-políticas públicas-decisiones en el aula de clase. Para ello, sin embargo, hay que empezar por visibilizar los resultados, por circular los informes, por superar los temores de pasar del espacio privado al espacio público, por movilizar los intereses de la investigación, por intercambiar, por buscar la confrontación y por aceptar la evaluación; es decir, por emprender todo aquello que permita la utilización crítica de los resultados de la investigación educativa.

Para que se generen los cambios que los nuevos contextos locales y globales exigen, es necesario que la investigación en educación estimule cambios estructurales en la escuela, en la concepción del conocimiento y del aprendizaje, en la formación de los maestros, en las relaciones entre escuela y comunidad, etc. Una investigación educativa que dé lugar a un sistema educativo capaz de promover una formación para el aprendizaje permanente, para una vida ciudadana activa y participativa, facilitadora del trabajo en equipo y favorecedora del rigor en los procesos de pensamiento y del gusto por lo estético.

Lo anterior confluye en un eje central de acción que es el maestro y su formación en la actividad investigativa, de manera que adquiera destrezas y capacidades acordes con los nuevos estilos pedagógicos y con las modernas culturas del pensamiento y del conocimiento. La formación académica de los docentes en investigación no sólo favorece su desarrollo personal y profesional, sino que es condición básica para promover y estimular la actitud investigativa en los educandos. Es difícil esperar que un maestro que no ha tenido experiencia en la práctica investigativa pueda formar en este tipo de actividad.

Programa de estudios científicos en educación

A comienzos de la década de los años noventas, la nueva política de ciencia y tecnología se propuso integrar la modernización de la sociedad colombiana en los procesos de formación y educación. Con este propósito, se creó el Programa Nacional de Estudios Científicos en Educación –PECE–, que se trazó, como política, el fortalecimiento de la comunidad científica y el apoyo a investigaciones que profundicen en la pedagogía, en el entorno social de los procesos educativos y en la educación y el desarrollo.

El nuevo posicionamiento de la educación en un contexto donde cual la producción, el acceso y la difusión del conocimiento adquieren, cada vez con mayor fuerza, un valor estratégico, son situaciones que contribuyen a su surgimiento como programa autónomo y diferenciado dentro del sistema nacional de ciencia y tecnología.

La creación del programa no sólo se constituyó en un reto, si no también en una convocatoria para la comunidad de la educación. Un reto porque significaba la necesidad de legitimar el campo del conocimiento en educación como un campo susceptible de desarrollarse, de someterse al rigor metodológico y de clarificar sus límites y relaciones con otros campos particulares del conocimiento, y una convocatoria por el desfase existente entre los requerimientos sociales y globales en la educación y la calidad de la oferta educativa actual; todo lo anterior unido al gran vacío generado por el escaso abordaje científico de la educación.

El programa de educación, a diferencia de otros programas de áreas con mayor tradición científica e investigativa, tuvo un punto de partida bastante débil en cuanto a grupos consolidados, programas académicos de alto nivel, centros de investigación, número de personas dedicadas a la actividad de investigación y en cuanto a la misma institucionalización de la investigación en las facultades de educación y en los currículos establecidos para la formación académica de los futuros educadores. Los diagnósticos realizados sobre la situación de la investigación educativa en el país, durante la década de los años ochentas, señalaron como rasgos característicos de este campo, la deficiencia en la formación de investigadores, la falta de legitimación de la investigación educativa en las universidades, la alta dispersión temática, la escasa divulgación de los resultados de las investigaciones y el poco impacto de éstos en el sector[1].

Cabe anotar, además, que si bien la educación en el país, como en el resto del mundo, es considerada como un recurso invaluable para el desarrollo económico, la competitividad, la renovación de la cultura y como un medio adecuado para la búsqueda de un ambiente adecuado de convivencia, paz y seguridad, aún los esfuerzos investigativos actuales no corresponden con la dimensión de las necesidades no atendidas. Los problemas centrales de la educación nacional, además de los financieros, son del orden de la equidad, de la cobertura y de la calidad. La investigación en educación no podrá responder a la solución del universo de estos problemas, pero si son múltiples las implicaciones de orden científico y tecnológico que conlleva su práctica y que reclaman de una mayor comprensión y solución por parte de la comunidad de investigadores y científicos.

---

[1]   Colciencias. 1983-1986.

Caracterización de la comunidad científica en educación

Caracterizada por su heterogeneidad y dispersión, la reflexión educativa ha venido configurando un horizonte de posibilidades hacia su desarrollo cualitativo, basándose para ello en la redefinición del concepto de investigación en educación, la racionalización de las prácticas investigativas y la construcción de políticas de investigación, situaciones que dan cuenta del proceso de configuración de lo que se ha denominado como "el campo intelectual de la educación"[2]. La conformación de este campo coincide con el proceso mismo de definición de las políticas de investigación en educación de Colciencias durante la última década[3].

---

[2]   "El campo intelectual de la educación no supone un eje unificado de intereses disciplinarios, sino más bien un campo fragmentado de proyectos teóricos y programas investigativos, que en algunos casos coexisten con los programas hegemónicos de Estado. "El campo intelectual de la educación", de Marío Díaz Villa. Cali: Textos Universitarios-Universidad del Valle, 1993.

[3]   Los documentos que han servido de orientación para la políticas de Colciencias en el fomento y el apoyo de la investigación educativa durante la última década han sido elaborados por investigadores reconocidos en dicho campo. En 1983, Aracelly de Tezanos elaboró el documento titulado "El Programa Nacional de Investigación en Educación"; un año después, un grupo de investigadores vinculado al sector educativo elaboró "Una propuesta de política institucional para la orientación y el fomento de la investigación e innovación en el campo de la educación. Programa Nacional de Ciencia y Tecnología para la Educación". En 1986, Antanas Mockus, con la colaboración de Diana Obregón escribe el documento "Programa Nacional de Investigación y Actividades Complementarias en Educación" y, en 1991, Eloisa Vasco elabora el documento "Propuesta para la definición de políticas del Programa de Educación".

La larga trayectoria de la investigación educativa en el país adquirió un claro reconocimiento en las décadas de los años sesentas y setentas. En torno a diferentes corrientes e influencias latinoamericanas y estadounidenses, se produjo en aquella época un importante volumen de estudios y publicaciones, en los cuales fue manifiesta la preocupación por el crecimiento, la ampliación y la dispersión del sistema educativo.

En el proceso de institucionalización de la investigación educativa es necesario reconocer el papel cumplido por los organismos internacionales. Entre ellos se incluyen el Banco Mundial, el PNUD, la Unesco, la OEA, el Banco Interamericano de Desarrollo –BID–, la AID y el IRDC, de Canadá, los cuales estimularon estudios de diagnóstico y de análisis para la caracterización de las condiciones sociales y económicas de la educación en Colombia. Como tendencia general, la investigación en educación ha contado con diferentes tipos de actores: investigadores, planificadores y personas que deciden las políticas, tanto nacionales como extranjeros[4].

Para los años setentas "la perspectiva etnográfica en la investigación educativa en Colombia surgió del interés por replantear

---

[4] Entre los primeros, conviene señalar los estudios de diagnóstico y análisis realizados por el Informe Lebret y la Misión Currie. La caracterización de la educación del país realizada por Ivon Lebot y G.W. Parra, Henrique Tono Trucco, Frank Safford. En el grupo de los nacionales, cabe destacar, entre otros y desde esta misma época, los trabajos realizados por A. Franco y Tunnerman, Álvaro López Toro, Agustín Lombana, Alberto Alvarado, Gonzalo Cataño, Fernando Chaparro, Hernardo Ochoa, Pedro A. Pinilla, Luis Alberto Alfonso, Bernardo Kuggler, Jorge Gracierena, Eduardo Vélez, Alfredo Sarmiento, Eduardo Aldana, Luis Enrique Orozco, Humberto Serna, Bernardo Toro, Rodrigo Parra, Bernardo Restrepo, Francisco Cajiao, Miguel Urrutia, Luis Oscar Londoño, Myriam Zúñiga, Eloísa Vasco, Aracelli Tezanos, Julia Mora, Hernando Gómez Buendía, Carlos Eduardo Vasco, Abel Rodríguez, Jorge Vivas, Clara Franco de Machado y Alfonso Borrero.

los estudios educativos a partir de consideraciones de carácter cualitativo, lo cual tuvo incidencia en los estudios cualitativos que comenzaron a fomentarse especialmente en el nivel de la escuela primaria, donde el discurso y la práctica pedagógica del maestro" se tomarían como objeto de reflexión, siendo esta una corriente de estudio fuertemente impulsada por Aracelli de Tezanos, Rodrigo Parra y sus colaboradores.[5]

La década de los años ochentas constituye para Colombia un período dominado por la ampliación del espacio político, la irrupción de movimientos sociales que se inician en el campo educativo en medio de los que se producen intentos sistemáticos por comprender y explicar algunos de los elementos característicos de nuestro acontecer educativo y pedagógico. El surgimiento del Movimiento Pedagógico, de amplia trayectoria en el ámbito cultural del país, se produce en esta década, con representantes tales como: Carlo Federicci, Carlos A. Hernández, Antanas Mockus, José Granes, Jorge Charum y otros.

De esta época, es también la corriente de gran impacto y trascendencia constituida por la línea de estudios sobre historia de la práctica pedagógica y la historia social de la ciencia, con investigadores como Alfredo Molano, Renán Silva, Olga Lucía Zuluaga, Alberto Echeverry, Stella Restrepo, Alberto Martínez, Diana Obregón, Luis Carlos Arboleda y José Luis Villaveces, entre otros.

Posteriormente, empieza a tomar visibilidad el grupo de la Universidad del Valle con Mario Díaz Villa como su principal representante, quienes realizaron aportes a la discusión sobre la pedagogía desde la arqueología del saber de Foucault y el análisis sobre el discurso pedagógico de B. Bernstein.

---

[5] DÍAZ, Mario. Op. cit. p. 168.

En su trabajo sobre los estudios en educación y sociedad en Colombia, el investigador Eduardo Vélez[6] establece, con base en los *Resúmenes Analíticos en Educación,* RAE, una visión sobre la distribución de los temas principales de las investigaciones educativas a partir de 1978 y hasta 1986, señalando que los temas sobre administración y control tienen alta frecuencia; que los de educación y sociedad parecen superar a los relacionados con el proceso enseñanza-aprendizaje y que, en una tercera posición, aparecen las investigaciones de carácter evaluativo.

Al respecto de la línea de educación y sociedad, señala este autor que un aspecto importante es que el enfoque de la investigación en educación en Colombia ha pasado de la descripción de aspectos macros y de la estructura de la planeación educativa a la consideración de aspectos relacionados con la calidad y con fenómenos vinculados con la estructura educativa, y anota, además, que a pesar del mejoramiento de la calidad de la investigación realizada y del uso, cada vez más frecuente, de metodologías más adecuadas, se observan deficiencias tanto en lo referente a la formulación de los problemas a investigar como en el uso de los diseños metodológicos y en los niveles de análisis. En realidad, se presenta un nivel heterogéneo en cuanto a este aspecto, pues existen trabajos de muy dudosa calidad y otros que satisfacen los más exigentes requisitos académicos.

Según A. Facundo, la contabilización de los trabajos que pueden considerarse como estudios socioeducativos, realizados en Colombia, indica que en un período de 75 años (hasta 1980), se han producido más de 910 títulos, de los cuales el 80.3 por ciento se concentra en los análisis globales o parciales del sistema educativo dentro de la orientación de la sociología de la educación.

---

[6]   VÉLEZ, Eduardo. "Los estudios sobre educación y sociedad en Colombia". En: *Revista Colombiana de Educación.* Universidad Pedagógica Nacional, CIUP, 1989

Con base en estos antecedentes, E. Vélez clasifica la investigación y los investigadores en educación así:

Educación y cultura:	O. Fals Borda, Bernal et.al, R. Silva, A. Martínez, G. Cataño, A. Alvarado, J. Muñoz, R. Flórez y E. Bautista, J. Rodríguez.
Econocmía y educación:	Psacharapoulos, Jiménez B., Kuggler, Caillodsy, G. Briones, Haller, Mohan, H. Gómez, B. Bonilla, E. Vélez, M. Selowsky, Cl. Franco.
Maestros y educación:	R. Parra, M.E. Carvajal y L. Zubieta, Velandia, A. Tezanos, Losada, Martínez, O. Zuluaga, J. A. Ocampo, A. Mockus, Rojas y Ferro, Vélez y Caro, MEN, B. Restrepo
Educación y clase social	Lebret, L. Currie, M.Urrutia, ACPO, Vélez, Cataño, V.M. Gómez, Ocampo, Briones.
Logros cognitivos:	Instituto SER, ICFES-SNP, J. Rodríguez, Vélez y Vasco [7]

Para la década de los años noventas, se destaca el importante acervo de trabajos realizados por convocatoria de las tres misiones nacionales de ciencia y tecnología, educación y desarrollo. Se mencionan, entre otros, los 25 estudios sobre el estado de desarrollo de las respectivas disciplinas y profesiones académicas y sobre el estado de los niveles del sistema educativo en relación con su capacidad en ciencia y tecnología, elaborados por la Misión de

---

[7]   Idem.

Ciencia y Tecnología. Los trabajos que produce la Misión Nacional para la Modernización de la Universidad Pública, compilados en cuatro volúmenes, y los 57 estudios de la Misión de Ciencia, Educación y Desarrollo, presentados en siete volúmenes. En estos documentos, se puede encontrar el panorama completo sobre el estado de la educación y la ciencia en el contexto nacional, que se ha constituido en el marco de referencia de las políticas públicas educativas actuales y en cuya elaboración participaron investigadores de reconocido prestigio y mérito académico en el país.

Debe destacarse, en esta somera síntesis, el papel cumplido en la divulgación de estudios sobre educación por la *Revista colombiana de educación*, del *Centro de Investigaciones de la Universidad Pedagógica Nacional* –CIUP– y por la *Revista educación y cultura*, del Centro de Estudios e Investigaciones Docentes de la Federación Colombiana de Educadores, las cuales han cumplido ya más de diez años. Otras revistas más recientes son: *Educación y ciudad,* del IDEP, *Pedagogía y saberes* de la UPN y *Enfoques pedagógicos* de Cafam.

Recursos invertidos en investigación educativa

En el período comprendido entre 1991 y 1997, el programa de estudios científicos en educación de Colciencias ha recibido la solicitud de financiación de 318 proyectos, de los cuales ha cubierto 89. El comportamiento de la presentación de proyectos de investigación ha sido claramente ascendente; mientras que en el bienio 1991-1992 se presentaron 34 proyectos, en el año 1997 la cifra fue de 181 proyectos.

De esta manera, los montos financiados durante los últimos seis años han pasado de $141,9 millones en 1991 a $1,047 millones en el año 1997, para un total de $3.615,0 millones, durante el período considerado.

Proyectos de investigación 1991-1997

Proyectos	Presentados	Aprobados	Negados
Años: 1991-1992	34	7	27
Años: 1993-1994	42	27	15
Años: 1995-1996	82	34	48
Año: 1997	181	21	160
Total	318	89	250

Además de las inversiones específicas por parte del PECE, la investigación educativa también ha sido apoyada por otros programas de ciencia y tecnología de Colciencias: Electrónica, telecomunicaciones e informática, Ciencias sociales y humanas y Salud, por un monto que asciende, en el período, a $1.717,3 millones.

Recursos invertidos en educación 1991–1997

Rubro	1991-1992		1993-1994		1995-1996		1997		TOTAL	
	Monto Colciencias	Monto Total	Monto Colciencias	Monto total	Monto Colciencias	Monto total	Monto Colciencias	Monto total	Monto Colciencias	Monto total
Programa educación	141.938	374.907	584.127	1,011.942	1,841.472	3,846.446	1,047.494	2,637.430	3,615.031	7,870.725
Otros programas	9.925	23.577	76.747	160.308	1,231.741	1,863.041	398.984	572.648	1,717.397	2,619.574
Total proyectos de linvestigación	151.863	398.484	660.874	1,172.250	3,073.213	5,709.487	1,446.478	3,210.078	5,332.428	10,490.299
Sistemas de información -Proy. conexiones	0.000	0.000	0.000	0.000	492.532	622.532	98.507	98.507	591.039	721.039
Proyecto Cuclí-Cuclí	0.000	0.000	0.000	0.000	2,109.227	2,109.227	700.000	700.000	2,809.227	2,809.227
Apoyo recursos humanos	0.000	0.000	74.236	74.236	127.378	127.378	0.000	0.000	201.613	201.613
Total apoyo otras actividades	0.000	0.000	74.236	74.236	2,729.137	2,859.137	798.507	798.507	3,601.879	3,731.879
Gran total	151.863	398.484	735.110	1,246.486	5,802.350	8,568.624	2,244.985	4,008.585	8,934.307	14,222.178

De otra parte, se señalan las inversiones que en programas educativos se han realizado desde el proyecto Cuclí-Cuclí, la unidad de sistemas de información con el proyecto conexiones y mediante el programa de apoyo a recursos humanos, cuyas cifras para el período en mención, ascienden a un total de $3.601,8.

De esta manera, durante el período comprendido entre 1991-1997, Colciencias ha invertido en la capacidad científica de la educación del país un monto de $8.934,3 millones.

Montos financiados por proyectos en educación 1991-1997

Bienios	Montos solicitados (en miles)	Montos aprobados
1991-1992	1.374,45	130,65
1993-1994	1.667,27	710,86
1995-1996	6.940,28	1.755,88
1997	2.589,97	1.047,49
TOTAL	12.571,97	3.644,88

Recursos invertidos por tipo de entidad

La tabla siguiente presenta el tipo de entidad con proyectos de investigación aprobados durante el período considerado. De esta manera, de los 89 proyectos aprobados, 64 han sido presentados por 20 universidades, 12 por 9 organizaciones no gubernamentales, 9 por 6 colegios y 4 por 4 gremios.

Las universidades son las que concentran el mayor número de proyectos de investigación aprobados, en su orden: Universidad del Valle, Universidad Pedagógica Nacional y Universidad de los Andes. El mayor monto de inversión (52,2 por ciento) lo tienen, como se evidencia, las universidades públicas, en las cuales han sido apoyados proyectos por una cifra de $5.479,8 millones.

Recursos invertidos según tipo de entidad 1991-1997

Tipo de entidad	1991-1992		1993-1994		1995-1996		1997		Total			
	Monto Colciencias	Monto total	Monto Colciencias	Monto total	Monto Colciencias	Monto total	Monto Colciencias	Monto total	Monto Colciencias	%	Monto total	%
Entidades gubernamentales	0,00	0,00	0,00	0,00	11,50	13,00	0,00	0,00	11,50	0,22	13,00	0,12
ONGs	27,10	45,96	179,91	343,50	486,42	701,44	37,00	53,00	730,43	13,70	1.143,90	10,90
Centros de investigación privados	0,00	0,00	11,05	20,00	0,00	0,00	98,00	275,08	109,05	2,05	295,08	2,81
Universidades públicas	101,69	309,53	375,23	656,16	1.134,50	2,767,34	731,02	1.746,80	2,342,45	43,93	5.479,83	52,24
Universidades privadas	0,00	0,00	40,01	83,43	262,81	445,73	508,45	1,030,20	811,28	15,21	1.559,36	14,86
Otros centros educativos	23,08	42,99	34,90	46,40	34,72	78,72	0,00	0,00	92,70	1,74	168,10	1,60
Empresa privada	0,00	0,00	19,77	22,77	1.143,26	1.703,26	72,00	105,00	1,235,03	23,16	1.831,03	17,45
Total	151,86	398,48	660,87	1.172,25	3.073,21	5.709,49	1.446,48	3.210,08	5,332,43	100,00	10.490,30	100,00

Proyectos aprobados por tipo de institución 1991-1997

	N°
UNIVERSIDADES	
- U. PEDAGÓGICA	11
- U. DISTRITAL	7
- U. DEL VALLE	12
- U. NACIONAL	6
- U. DE ANTIOQUIA	8
- U. ANDES	4
- U. P. T. C.	2
- U. DEL CAUCA	1
- U. DEL NORTE	2
- U. SURCOLOMBIANA	1
- U. EXTERNADO	2
- UNISUR	1
- U. LIBRE (seccional Socorro)	1
- U. DE LOS LLANOS	1
- U. DE LA AMAZONÍA	1
- U. INDUSTRIAL DE SANTANDER	1
- U. JAVERIANA	1
- U. CATÓLICA DE ORIENTE	1
- U. TECNOLÓGICA DE PEREIRA	1
- U. EAFIT	1
Univ. Total proyectos	64
ONGs	
- FORO NAL. POR COLOMBIA	2
- FES	2
- DIMENSIÓN EDUCATIVA	2
- CINDE	1
- SER	1
- APUSHI	1
- COSMOLOGÍA	1
- ICIFAP	1
- FUNDACIÓN ESCUELA Y VIDA	1

ONGs. Total proyectos	12
COLEGIOS - EPE - COL. SAN FCO. DE ASÍS - INEM - LOS ALCAPARROS - SAN BARTOLOMÉ - ASOC. ANILLO DE MATEMÁTICAS	 3 2 1 1 1 1
Colegios total proyectos	9
GREMIOS - ADE - ACOFI - ADECOPRIA - SOC. SAN VICENTE DE PAUL	 1 1 1 1
Gremios total proyectos	4
Total	89

Recursos invertidos por líneas temáticas

Por líneas temáticas, se pueden agrupar los 89 proyectos en 13 líneas, de las cuales, cuatro: (lenguaje y comunicación; enseñanza de las ciencias, innovaciones educativas, psicopedagogía e inteligencia e informática educativa) concentran más del 50 por ciento de los proyectos. Cabe señalar que en la convocatoria por temas específicos abierta en la mitad de 1997, tuvo especial acogida el tema de valores y desarrollo moral, propuesto por primera vez a a la comunidad educativa.

Tema	Nº	%
Lenguaje y comunicación	19	21,35
Enseñanza de las ciencias	19	21,35
Innovaciones educativas		
Psicopedagogía de la inteligencia	13	14,61
Informática educativa	7	7,87
Estudios sociales en educación	5	5,62
Historia de la educación	4	4,49
Evaluación educativa	4	4,49
Administración educativa	4	4,49
Currículo	3	3,36
Etnoeducación	2	2,25
Gestión	1	1,14
Valores y desarrollo moral	4	4,49
Comprensión	4	4,49
Total	89	100,00

Recursos invertidos por niveles educativos

La educación básica primaria es el nivel educativo más investigado con el 32.5 por ciento de los proyectos aprobados. Sin mayor diferencia, se encuentra el nivel secundario. Llama la atención la escasa investigación que en torno a la educación superior se realiza en el país, a pesar de ser este un nivel que presenta serias problemáticas en cuanto a cobertura, admisiones, calidad docente y áreas disciplinarias, así como acerca de la necesidad de análisis prospectivo de sus tendencias.

NIVELES ESCOLARES	Nº	%
Básica primaria	29	32,58
Secundaria	26	29,21
Superior	14	15,73
General	20	22,48
Total	89	100,00

DIVULGACIÓN DE RESULTADOS DE INVESTIGACIÓN

En el transcurso de los últimos seis años y como resultado de los proyectos de investigación financiados, el programa de estudios científicos en educación presenta un total de 81 publicaciones, las cuales se concentran en un 27.1 por ciento en artículos nacionales y en un 27.1 por ciento en la producción de textos aplicados a la enseñanza de los niveles educativos.

DISTRIBUCIÓN DE PUBLICACIONES 1991-1997

Tipo	Número	%
Artículos nacionales	22	27,16
Artículos internacionales	12	14,81
Libro	14	17,28
Manual	3	3,70
Texto	22	27,16
Otros	8	9,88
Total	81	100,00

Centro de Investigación de Desarrollo Humano, U. del Norte, Barranquilla	$40.000.000
Centro de Investigación y Educación Popular, –CINEP–, Bogotá	$50.000.000
Fedesarrollo	$150.000.000.
Corporación para el Desarrollo de la Investigación y la Docencia Económica, Medellín	$40.000.000
Una empresa docente, U. de los Andes	$40.000.000
Centro de Información y Desarrollo, Ingeniería del Software, UIS	$40.000.000
Laboratorio de Investigaciones y Desarrollo sobre Informática en Educación, U. de los Andes	$20.000.000
Línea Investigación y Desarrollo Informática Educativa, EAFIT	$20.000.000.
Total	$400.000.000

Impacto de algunas líneas temáticas

Informática educativa

- Se ha consolidado un centro de investigación especializada en informática educativa, tal como el Centro de Innovación y Desarrollo de Líneas de Investigación en Ingeniería del Software –CIDLIS–, de la Universidad Industrial de Santander, que analiza organizacional y funcionalmente, los procesos y productos de carácter estratégico, logístico o táctico que demanda la gestión administrativa y académica de las instituciones educativas.

163

- Mediante el apoyo a proyectos sobre las aplicaciones de ambientes virtuales colaborativos aplicados a la educación superior, se ha promovido la implementación de la Ley 115 de Educación General en Colombia.

- Por medio de la creación de modelos de desarrollo de software educativo, multimedial e hipermedial, se han creado bases para futuros procesos de producción de materiales educativos, fundamentados en estas tecnologías, los cuales se destinarán a apoyar la docencia en ingeniería y ciencias.

- Se ha enriquecido el debate desde el punto de vista institucional sobre las posibilidades, limitaciones y pertinencias de la tecnología multimedia en los procesos sustantivos de la educación universitaria.

- Se ha realizado una tarea de alfabetización de los docentes a través de cursos y talleres orientados hacia la capacitación en el diseño y la construcción de materiales educativos basados en multimedia e hipermedia.

- Se han creado nuevas líneas de investigación que estudian las implicaciones de la utilización de las tecnologías modernas en los procesos de enseñanza-aprendizaje y de cómo los procesos de autoevaluación potencian la capacidad de solución de problemas y la mayor retención de conceptos en la educación superior, lo cual se articula con las necesidades nacionales de progreso, posibilitando la elevación de la calidad de la educación en tecnología dentro del referente de educar para un desarrollo nacional autónomo.

- Se ha dado inicio a una línea temática de investigación relacionada con la producción de herramientas *multimediales* para desarrollar habilidades comunicativas básicas en niños con síndrome de Down.

- Los estudios sobre la dinámica del proceso de comprensión de textos en formato hipertextual y multimedial han posibilitado avanzar en el análisis comparativo de las estrategias y los mecanismos de procesamiento de información que utiliza un lector cuando se enfrenta a un texto impreso y a un texto electrónico.

- A través de la capacitación del profesorado en educación básica para el manejo eficiente y creativo de las herramientas informáticas, como recursos complementarios en las diversas áreas del currículo, se ha contribuido al desarrollo de políticas coherentes, a nivel nacional, sobre la enseñanza y utilización de la informática en el sector educativo.

- Se han registrado avances significativos en esta temática a través de un programa educacional diseñado para que niños y jóvenes adquieran un marco conceptual que les permita incursionar, de manera gradual, en los diferentes campos del conocimiento y entender la ciencia. A través de juegos interactivos de computador y juegos de mesa, plantea una serie de retos de conocimiento y alternativas de acción, cuidadosamente preparados, para conducir al niño a entender los universales en los cuales se fundamenta el conocimiento. El programa responde a los retos que plantea el incremento de información en el mundo moderno, sin perder el concepto de la unidad del conocimiento y la ciencia.

ESTILOS COGNITIVOS Y DESARROLLO DE LA INTELIGENCIA

- Los estudios sobre tendencias cognitivas en Colombia han revelado la consistencia de dominio entre los aspectos perceptualmente cognitivos y los social-afectivos del funcionamiento psicológico individual; cada estilo cognitivo conlleva un cierto estilo de interacción social: el estilo de la independencia del medio que conlleva modalidades autocéntricas en la dinámica de la interacción y el estilo de la sensibilidad al medio que conlleva modalidades heterocéntricas para la misma.

- Los resultados de estudios sobre estilos cognitivos indican la necesidad de promover aún más los procesos de descentralización de la educación. Tales procesos no pueden limitarse a una descentralización administrativa sino que deben abarcar aspectos de orden curricular, pedagógico y didáctico. La información obtenida sirve de estrategia para la capacitación de docentes y el establecimiento de currículos diferenciados de acuerdo con las características cognitivas encontradas en las diversas regiones colombianas.

- Los avances en la investigación sobre las operaciones psicológicas y los procedimientos linguísticos y discursivos implicados en la dimensión intencional de los textos, han permitido un mayor entendimiento del cómo operan los sujetos al verse enfrentados a la tarea de escribir, logrando identificar y caracterizar las situaciones de trabajo con el lenguaje escrito más acordes con el desarrollo de los niños de 8 a 10 años, conduciéndolos a producciones más creativas, fluidas y de mayor calidad.

- Se ha avanzado en la consolidación de una línea de investigación en psicología educativa, que busca fortalecer y orientar los trabajos de psicólogos y maestros en el contexto escolar.

- Investigadores de la Universidad de Antioquia han participado, activamente, en el diseño y validación de los contenidos y procedimientos de un programa de intervención cognitiva, el cual permite la formación de estudiantes y profesores en estrategias de aprendizaje para las áreas de ciencias exactas, naturales, sociales y humanas.

- Se ha logrado un impacto en esta temática a través del análisis de las leyes y los decretos-leyes que fundamentan las reformas educativas en Colombia (desde las primeras leyes republicanas de 1820 hasta las de 1996). Este análisis obtuvo, como resultado, el acopio de criterios evaluativos sobre el desarrollo del sistema educativo colombiano y la construcción de parámetros para el desarrollo de la historia comparada de la educación en Iberoamérica.

- En relación con la temática de investigación, se han propuesto cinco líneas:

  - Una sobre el funcionamiento del saber pedagógico en las instituciones escolares, sobre cómo eran los maestros y qué saber se aprovechaba en relación con el entorno del país.

  - La línea de archivo pedagógico, que consiste en una base documental y bibliográfica y en los estudios históricos sobre la educación y la pedagogía.

  - Un enfoque nuevo donde la práctica pedagógica se fundamenta como disciplina del saber pedagógico desde el maestro, la escuela y las instituciones formadoras.

  - Se generan nuevos objetos de investigación con una metodología basada en fundamentos epistemológicos y conceptos históricos y con óptica arqueológica de los saberes, es decir, una historia desde su saber y su práctica.

— Se integra un nuevo grupo de investigadores dedicados a desarrollar ese frente de conocimientos.

— Se elaboran 35 artículos nacionales e internacionales y 12 libros.

- Se ha consolidado una red de investigadores latinoamericanos que impulsará el desarrollo del enfoque histórico comparado en Latinoamérica y que continuará ampliando las bases de datos sobre la legislación educativa de los siglos XIX y XX con otros frentes documentales.

- Los resultados del estudio sobre la apropiación pedagógica del campo intelectual de la educación para la construcción de un modelo comprensivo de la formación de docentes ha logrado un impacto en las instituciones formadoras de maestros, comprobando la necesidad de integrar la aspiración de un maestro intelectual, de la pedagogía con la ciencia, la tecnología y la cultura, las especificidades regionales y nacionales, evidenciando los requerimientos coyunturales expresados en el Plan Decenal de Educación.

- Se han promovido las reflexiones y los debates sobre el quehacer pedagógico del maestro, acerca de su identidad como intelectual y hombre público, sobre su contexto institucional y político, lo cual, en buena medida, ha dinamizado y cualificado el desarrollo del movimiento pedagógico.

ENSEÑANZA DE LAS CIENCIAS

- Se ha formado un grupo de investigadores docentes que desde la perspectiva de una psicología constructivista busca formular un modelo de enseñanza alternativo de la física para potenciar las actitudes científicas, tanto de maestros como de alumnos, a través de materiales didácticos creados por el grupo investigador, lo cual repercute en el mejoramiento de la educación.

* Los estudios sobre los rasgos, características y eventuales funciones del juego dentro del campo de los símbolos han sido críticos para entender los puntos débiles y las fortalezas, las limitaciones y ventajas del grupo como estrategia pedagógica, no sólo en las prácticas educativas, sino también en la psicoterapéutica y en el campo del trabajo con la comunidad.

* Se ha dado inicio a diálogos significativos y a acciones coherentes que incentivan procesos de cambio, tanto en la institución escolar como en la sociedad en general, a partir de la exploración, la reflexión, el análisis y la interpretación de la construcción del conocimiento y en torno a las relaciones entre las creencias que sobre la ciencia, la enseñanza y el aprendizaje pone el profesor de ciencias.

* Se han generado marcos teóricos respecto a concepciones epistemológicas de ciencia, enseñanza y aprendizaje que promueven directamente el análisis de acciones e interacciones de maestros y estudiantes en las aulas de ciencias.

EDUCACIÓN MATEMÁTICA

* A través del estudio de los efectos de la introducción de las calculadoras gráficas en un curso de precálculo de nivel universitario (que se realizó por medio de un estudio comparativo), se produjo un aporte a la comunidad nacional e internacional de investigación en educación matemática ya que los resultados obtenidos fueron publicados en revistas

nacionales e internacionales donde se presentaron cien situaciones problemáticas de precálculo que pueden ser utilizadas en el salón de clase, para aprovechar las potencialidades de la tecnología en la enseñanza y aprendizaje de las matemáticas.

- Los estudios interdisciplinarios sobre los procesos de aprendizaje de las matemáticas generados en el aula, mediante los procesos de argumentación, han revelado la convergencia entre los campos teóricos de las matemáticas y de la teoría lingüística.

- A través del apoyo a proyectos de investigación en esta área, se ha impulsado la Red de Investigadores en Educación Matemática, donde se socializan los fundamentos y resultados de los mismos. Este contacto también hace posible la divulgación de los resultados de estas investigaciones dentro de la comunidad científica nacional e internacional.

- Los avances en la investigación sobre las ideas fundamentales del álgebra han posibilitado la creación de un abanico de alternativas metodológicas para la enseñanza de las matemáticas y la ilustración de diferentes enfoques. Estas propuestas metodológicas se plasmaron en una publicación que servirá de apoyo a los estudios de pregrado que realizan futuros maestros de preescolar, primaria y secundaria en el área de las matemáticas.

- Los estudios realizados por el grupo de investigadores de "Una empresa docente" sobre el modelo del Sistema Institucional de Educación Matemática –SIEM– han permitido refinar el esquema de formación de directivos y docentes de matemáticas de colegios de Bogotá, a través de la acción sobre la problemática de las matemáticas escolares en ellos.

- El grupo de investigación de la Universidad del Valle ha alimentado a la comunidad científica del área de las matemáticas mediante seminarios regionales y nacionales donde se presentan los proyectos de investigación en matemáticas, divulgando sus avances y propiciando el intercambio con profesores nacionales e internacionales que trabajan alrededor de este tema.

- De la investigación realizada sobre las concepciones que circulan en el entorno cultural sobre el uno y la unidad, se han derivado conceptos que proporcionan elementos teóricos y materiales para mejorar los programas de formación de maestros de matemáticas y el diseño de programas educativos que tengan en cuenta el entorno cultural.

- Los trabajos de grupos de investigación, como Pretexto, han consolidado la comunidad de investigadores de matemáticas por medio de la reflexión en torno de temáticas fundamentales de esta asignatura, lo cual permite abordar con solvencia sus áreas específicas y potenciar el desarrollo de las estructuras de pensamiento que resultan necesarias para que el estudiante enfrente con éxito, el encuentro con otras disciplinas.

- Se ha enriquecido la línea de investigación titulada: "Construcción del conocimiento matemático" a través del trabajo en matemática y cognición, que ha propuesto opciones investigativas que contribuyen a la socialización del conocimiento derivado de estas investigaciones, buscando establecer la relación entre la transformación de las operaciones y la construcción de los conceptos numéricos y las variables determinantes en la transformación de operaciones y conceptos.

- Los proyectos relacionados con esta temática han posibilitado la formación de recurso humano a través de la puesta en ejecución del programa de especialización en lenguaje y pedagogía.

- Los estudios sobre la correlación entre los rasgos discursivos de los textos escolares en ciencias naturales y ciencias sociales y sobre las pautas metodológicas utilizadas por los maestros en el manejo de los mismos, se han constituido en insumos para el diseño de talleres de capacitación de maestros y en publicaciones que describen la utilización de los textos escolares en la interacción maestro-alumno, realizados como aporte a la comunidad científica nacional e internacional.

- Los estudios efectuados sobre los conocimientos personales y prácticos que acerca de la producción y la enseñanza de los diferentes tipos de textos escritos poseen algunos maestros y cómo esto se manifiesta en la interacción con los alumnos, sobre todo en los momentos de corrección y evaluación han constituido insumos para la cualificación de los docentes colombianos y para la valoración de su competencia como usuario-productor de textos escritos, sobre todo en el caso de los maestros que vayan a enseñar a leer y a escribir.

- Se ha enriquecido la discusión sobre la línea de investigación de la enseñanza de la lengua escrita por medio de la divulgación de resultados de investigaciones que buscan estrategias innovadoras de aplicación pedagógica, a partir de la básica, poniendo en marcha un nuevo modelo de capacitación de los maestros de lectura y escritura.

- Se ha creado una nueva línea de investigación sobre el aprendizaje del inglés, el cual, a través de un plano pedagógico que rescata los postulados del aprendizaje autónomo, de la centralización en el alumno y de la correlativa "desprotagonización" del maestro, implementa un modelo que propone unos parámetros de acción tales que el alumno accede al conocimiento desde módulos instruccionales. La innovación en la presentación del modelo y los buenos resultados obtenidos en la muestra de 25 instituciones y más de 24 .000 módulos repartidos confirman la efectividad del método y su acogida dentro de la comunidad científica.

- Los hallazgos de la investigación sobre la comprensión mostrada por los niños a través del sistema de la escritura han producido una generación de nuevas políticas educativas, que tienen como base un afán generalizado por el cambio y la convicción de que sólo transformando la organización del pensamiento y las formas de relación con los otros es posible esperar modificaciones en el orden social e individual.

Cultura del adolescente

- El trabajo en equipo entre diez universidades del país y los cinco tomos publicados en 1995 como resultado del proyecto Atlántida, lograron llamar la atención de la comunidad científica educativa hacia los adolescentes colombianos en edad escolar, cuya conclusión señala el "atraso" en el tiempo social de la escuela y la ruptura marcada entre el mundo del adulto y el de los adolescentes.

Proyecto Educativo Institucional PEI

- Durante dos años y medio, 25 colegios de Medellín participaron en la tarea investigativa sobre el proyecto educativo institucional que debería presentarse a comienzos de 1997. Esta investigación contribuyó a la contrucción de proyectos educativos institucionales enmarcados en las necesidades pertinentes a las tendencias del desarrollo y las tendencias pedagógicas vigentes, y sus resultados fueron publicados en un libro que tuvo amplia difusión nacional, el cual ha servido para la orientación de otros procesos y para la motivación de posteriores investigaciones sobre la formulación y evaluación de los PEI de otras regiones del país.

- Por medio del análisis y la explicación de la cultura educativa institucional, con énfasis en sus posibilidades y limitaciones para elaborar proyectos educativos generadores de calidad, y de la validación de un método de trabajo para la construcción autónoma del PEI, ha sido posible establecer unas políticas para evaluar la calidad de los PEI y el compromiso de las instituciones con los mismos, como complemento cualitativo del sistema nacional de evaluación de la calidad del Ministerio de Educación Nacional y SABER.

- Investigadores de la Universidad de los Llanos han enriquecido la discusión sobre la caracterización del ciudadano plasmado en los PEI de los establecimientos oficiales, libre del pensamiento que asume la realidad desde posturas prospectivas que le permitan plantear ideales de transformación acordes con valores y principios universales, permeados por la cultura y las necesidades propias de su entorno.

Innovaciones educativas

- En esta temática se inscribe el proyecto que propone un plan de estudios en el área del lenguaje para la educación básica primaria, con la aplicación de la teoría general de procesos y sistemas en el diseño de una herramienta informática para la administración curricular del plan de estudios en el área del lenguaje –SAC– y para la comprensión de los procesos educativos y de organizaciones a través de la alfabetización reflexiva del personal docente y administrativo de las instituciones educativas.

- Los estudios sobre los tipos de enseñanza y la confrontación con maestros innovadores en Boyacá ha permitido comprobar si realmente se da el intercambio productivo entre teoría y práctica con vistas a fundamentar, epistemológica y pedagógicamente, las formas de enseñanza y la reflexión sobre la pertinencia de la propuesta que, desde el constructivismo, se viene haciendo para su mejoramiento. Este trabajo ha apuntado hacia la importancia de la capacitación y actualización permanente de los docentes.

- Los proyectos sobre esta temática han posibilitado la relación con la Red Nacional sobre Innovaciones Educativas y con el proyecto de la Universidad Pedagógica Nacional sobre capacitación de docentes en ejercicio.

- Por medio de un proyecto cofinanciado por la Fundación FES, se examinó el panorama de las innovaciones educativas en Colombia y en América Latina; para ello se eligieron 13 casos de innovaciones escolares y no escolares, encontrando elementos que constituyen una verdadera innovación en el área de la educación.

- Los estudios sobre la interpretación de las interacciones comunicativas y de su impacto formativo en el contexto de la educación superior han promovido una línea de investigación que analiza los planteamientos de la teoría de la acción comunicativa en la relación maestro-alumno en este nivel educativo. Así mismo, han posibilitado la caracterización de los tipos de interacción educativa de acuerdo con los contextos de aprendizaje más frecuentes a nivel universitario así como de las modalidades de comunicación en los programas formales de educación superior.

- A partir de las investigaciones que analizan las narrativas sociales sobre las formas de organización de la vida sexual de los adolescentes, de la significación que le atribuyen y de los efectos de estas valoraciones en sus prácticas y arreglos sexuales, se propuso la creación de una maestría sobre procesos de desarrollo moral y afectivo en adolescentes que viven situaciones de marginalidad, ampliando el contexto teórico desde el cual se indaga sobre los mitos y tabúes que portan los docentes del sector oficial en sus comportamientos sexuales.

- Se ha incentivado no sólo una línea de investigación sobre sexualidad en adolescentes, sino también una red de investigadores donde participan maestros de diferentes regiones del país y que han realizado una labor de análisis e interpretación de los estereotipos socioculturales a través de la recopilación de información para entender los modelos de identificación sexual, en lo individual y colectivo, desde el contexto de las diversas regiones nacionales.

Principales debilidades de los proyectos de investigación

Las nuevas situaciones que se producen a raíz de los cambios sucedidos en el transcurso de estos siete años, han favorecido, sin lugar a dudas, los procesos de institucionalización de la investigación educativa dando lugar al mejoramiento de su legitimidad social y académica. Pero, así mismo, han permitido evidenciar nuevas necesidades que surgen como resultado de la misma dinámica. Es necesario reflexionar sobre la actividad investigativa dentro de su propia práctica para identificar las debilidades de las que adolece.

En este sentido, se señalan, entre otros problemas: la improvisación en la constitución de grupos de trabajo, el bajo conocimiento de los estados del arte del tema en investigación, la debilidad de los enfoques metodológicos y la escasa capacidad para delimitar el problema objeto de investigación.

1. Improvisación en la constitución de grupos de trabajo: si bien es importante el surgimiento permanente de grupos de trabajo, también es bueno señalar varias de las situaciones que se presentan con relación a éstos:

    a. Grupos constituidos para la presentación de un proyecto de investigación sin ninguna trayectoria acumulada en forma colectiva.

    b. Grupos constituidos por relaciones diferentes a los intereses académicos o científicos.

    c. Grupos conformados por un máximo dos personas, lo cual excluye la posibilidad de formación de nuevos y jóvenes investigadores.

d.   Grupos desequilibrados disciplinariamente.

e.   Grupos que se disuelven con la negación a la primera propuesta.

f.   Grupos que sólo tienen uno o dos de los componentes básicos de un grupo de investigación: personal, infraestructura técnica y financiera, documentación y estructura administrativa.

2.   Escaso conocimiento de los estados del arte. Es frecuente encontrar propuestas que presentan situaciones sobre los estados del arte, como las siguientes:

a.   Desconocimiento del estado de desarrollo del tema a nivel nacional e internacional, especialmente en este último.

b.   Conocimiento parcial del estado de desarrollo del tema.

c.   Ausencia total del estado del arte existente sobre el tema y convencimiento de su no existencia.

3.   Debilidad en los enfoques metodológicos: tiene lugar a raíz de los grandes vacíos existentes sobre el papel que cumple la metodología en un proceso investigativo; es por esto que se encuentra:

a.   Un planteamiento metodológico que presenta como referencia un marco teórico reducido a nivel de enunciado porque sus códigos de análisis e interpretativos no aparecen.

b.   Desconocimiento del enfoque epistemológico que respalda el marco teórico señalado.

c.   Confusión en la presentación de elementos metodológicos propios de diversos marcos teóricos.

d.   Presentación de un listado de actividades propias del proceso investigativo a modo de metodología.

e.   Incoherencia entre el planteamiento del problema y la metodología escogida.

4.   Escasa capacidad para delimitar el problema objeto de investigación. Una de las debilidades más frecuentes es la falta de claridad en el planteamiento o formulación del problema objeto de investigación, lo que conlleva a:

a.   Confusión con la reseña de una legislación, de un documento o de un artículo.

b.   Escasa diferenciación entre objetivos del estudio y resultados esperados.

c.   Dificultad de establecer y realizar un riguroso proceso investigativo.

d.   Incongruencia entre los resultados obtenidos y el problema de investigación planteado.

Valores e imaginarios de los niños y niñas colombianos en torno a la violencia: una aproximación cualitativa a su comprensión

Sara Victoria Alvarado S.[*]
Héctor Fabio Ospina S.[**]

[*] *Psicóloga de la Universidad Javeriana. Magíster en Ciencias del Comportamiento y doctora en Educación de Nova University. Directora Nacional de la Unidad de Estudios de Posgrado del CINDE, Centro Internacional de Educación y Desarrollo Humano. Directora de la Línea de investigación: Actores, escenarios y procesos del desarrollo humano, en la que ha trabajado sus investigaciones sobre el tema de la Formación de valores en niños y niñas. Escritora de numerosos artículos en el tema. Profesora universitaria en el área de la Ética y en el campo de la Investigación Cualitativa.*

[**] *Licenciado en Filosofía de la Universidad Javeriana. Magíster en Ciencias del Comportamiento y doctor en Educación de Nova University. Coordinador Nacional del Área Educativa en la Unidad de Estudios de Posgrado del CINDE, Centro Internacional de Educación y Desarrollo Humano. Director del programa de investigación en educación. Coordinador de los encuentros internacionales de Ética ciudadana. Coordinador de los encuentros internacionales de Pedagogías Activas y Desarrollo Humano.*

El proyecto de investigación y desarrollo actitudes, valores e imaginarios de los niños y niñas en torno a la violencia: base para el diseño de una propuesta educativa para la paz diseñada por los propios niños y niñas, diseñado para un año, viene siendo desarrollado por el CINDE, con el apoyo de Programa por la Paz de la Compañía de Jesús, Fundación FES, Fundación Restrepo Barco y Fundación Germinando de Pereira, desde hace ocho meses.

En el proyecto, para los estudios focales, están participando 327 niños y niñas, 25 profesoras y 6 padres de familia de 12 experiencias educativas: centro educativo Andrés Bello y escuela Rafael Uribe Uribe, en Manizales; escuela Coemprender, escuela Mercedario y escuela Agustín Agualongo, en Pasto; centro educativo Fe y Alegría, en Lérida; escuela José María Córdoba y escuela Gabriela Mistral, en Ibagué; centro docente Santa Isabel 2, en Neiva; centro docente urbano Vivienda Obrera, en Campoalegre; colegio básico Compartir Las Brisas, de la Fundación Germinando, y escuela ciudad de Manizales, en Pereira. Para la caracterización nacional, se trabajó con 5.345 casos seleccionados representativamente de todo el país.

El proyecto

Origen del proyecto:

El proyecto surge a partir de la conciencia de que la situación de violencia en Colombia ha alcanzado límites inimaginados y sus expresiones cotidianas en la vida de los ciudadanos son cada día más preocupantes y evidentes. Han sido muchas las alternativas que se han planteado como posibilidades de solución a los grandes conflictos, expresión de dicha violencia, en las distintas esferas de la vida nacional, en el terreno de lo público y en el espacio de lo privado, en las instituciones socializadoras (familia, escuela, grupos de pares en el barrio, la vereda, etc.).

La institución educativa, amparada en las nuevas búsquedas que se derivan de la Constitución Nacional del 91 y en la Ley General de Educación, ha creado una serie de programas más o menos formales, dentro de los PEI (Proyectos Educativos Institucionales), orientados al desarrollo de valores en los niños y niñas y al fortalecimiento de expresiones de la vida democrática. No obstante lo anterior, en el seno de las escuelas y de las familias, en la vida cotidiana de los niños y niñas, el problema de la violencia sigue estando presente, a veces de manera incomprensible, y adquiriendo formas nuevas de expresión del comportamiento violento, necesariamente sustentadas en *actitudes*, *imaginarios* y *valoraciones* que en dichos programas no han sido impactados.

Las propuestas educativas de trabajo con los niños y niñas orientadas a la Construcción de la Paz han sido, en general, concebidas y diseñadas por adultos, desconociendo, en muchos casos las propias formas de organización de los niños y niñas, sus maneras particulares de resolver conflictos y llegar a acuerdos; desconociendo, en muchos otros, las propias expresiones de la cultura que, sabiéndolas leer, pueden estar impregnadas de ideas y posibilidades para construir una cultura de la paz a partir de los niños y niñas. El proyecto, en el sentido de lo anterior, vincula de manera sistemática :

- La *investigación* sobre las actitudes, imaginarios y valores de los niños y niñas asociados al comportamiento violento, a nivel individual y social, y la *educación* a través de una propuesta construida de manera participativa;

- Los aportes de la *tradición académica y científica* en el campo de la educación en valores y los aportes de los propios *actores sociales* (niños y niñas, maestros y padres de familia) como marcos para la reflexión sobre el problema en cuestión y para el diseño de la propuesta educativa.

- La participación de los propios *niños y niñas* y la participación de los *adultos* (equipo investigador y facilitadores), tanto en el análisis de los resultados en torno a actitudes, imaginarios y valores, como en el diseño y la implementación de la propuesta educativa.

El proyecto se constituye en un aporte a los procesos de construcción de la paz en Colombia, impactando de manera directa las *actitudes,* los *valores* y los *imaginarios* de los niños y niñas de seis regiones del país, a través de una propuesta educativa construida en forma participativa por los propios niños y niñas.

La valoración del impacto sólo puede lograrse si tenemos mediciones cuantitativas y cualitativas de los factores que queremos impactar (actitudes, valores e imaginarios), al comienzo, en el proceso y al final de la implementación de la propuesta educativa. En tal sentido, interesa dar respuesta a los siguientes interrogantes:

* ¿Cuál es el perfil de las *actitudes* de los niños y niñas frente a la *equidad* de género y de raza, la *tolerancia* ante la diversidad de raza, religión e ideas y la *autoridad*, en general, en las regiones más afectadas por la violencia y en las ciudades específicas en las que se van a realizar los estudios de caso; antes y después de la implementación de la propuesta educativa para la construcción de la paz?

* ¿Cuáles son las concepciones de los niños y niñas de las doce experiencias educativas en las que se van a realizar los estudios de caso frente a los *valores* de la *justicia*, el *respeto* y la *responsabilidad individual* y *social* antes y después de la implementación de la propuesta educativa para la construcción de la paz?

* ¿Cuáles son los imaginarios de sus niños y niñas frente a la *violencia* y la *paz*, la *vida* y la *muerte*, el *sí* mismo y el

nosotros antes y después de la implementación de la propuesta educativa para la construcción de la paz?

*   ¿Puede una *propuesta educativa para la construcción de la paz* construida por *los propios niños y niñas* lograr impactar sus actitudes, valores e imaginarios?

En respuesta a estos interrogantes el estudio ha perseguido los siguientes objetivos:

a.   Hacer una caracterización nacional *(perfil)* de las *actitudes* de los niños y frente a la *equidad* de género y de raza, la *tolerancia* ante la diversidad de raza, religión e ideas y la *autoridad.*

b.   Establecer las *relaciones* existentes entre: las *actitudes* de los niños y niñas frente a la igualdad, la tolerancia y la autoridad, derivadas del perfil; y sus *imaginarios* sobre la violencia y la paz, la vida y la muerte, el sí mismo y el nosotros y *valores* de respeto, justicia y responsabilidad individual y social construidos a través de los estudios de caso en las doce experiencias.

c.   Analizar los resultados del perfil de actitudes y de los estudios de caso sobre sus relaciones con los imaginarios y valores de los niños y niñas y diseñar con ellos, en un proceso participativo, *una propuesta educativa de construcción de una cultura de la paz.*

d.   *Validar la propuesta* educativa, poniéndola en marcha en las doce experiencias educativas, liderada por los propios niños y niñas y los adultos facilitadores, durante el segundo semestre y evaluar su impacto sobre las actitudes, los imaginarios y los valores de los niños y niñas.

186

e.   *Diseñar un modelo de diseminación* de la propuesta educativa para contextos más amplios.

Metodología del estudio

El proyecto de investigación aquí planteado articula componentes metodológicos de carácter cuantitativo y cualitativo, así como lógicas distintas en sus diversas fases:

a.   Trabaja desde un modelo positivo en su lógica global:

*   A nivel descriptivo y correlacional, en la primera fase de levantamiento del perfil de actitudes.

*   A nivel cuasi-experimental, como diseño que permite la validación de la propuesta educativa: medición inicial de actitudes (pretest), aplicación de la propuesta (intervención experimental) y medición final con prueba paralela de las actitudes de los niños y niñas (postest).

b.   Trabaja desde un *modelo de la comprensión- hermenéutico* en los estudios de caso para la caracterización de los valores e imaginarios de los niños y niñas en cada uno de los grupos focales.

c.   Trabaja desde un modelo de la *acción social* en el carácter participativo de los niños y niñas y adultos facilitadores, tanto en el análisis de la información, como en el diseño, implementación y validación de la propuesta educativa.

La propuesta de investigación y desarrollo se realizó en cinco fases fundamentales:

Primera fase: levantamiento del perfil general sobre actitudes de los niños y niñas en torno a la equidad, la tolerancia y la autoridad.

Esta fase se desarrolló en dos etapas: una de naturaleza general y descriptiva y otra de naturaleza correlacional y específica.

En la etapa descriptiva se realizó la caracterización de los niños y niñas a partir de 5.345 casos de todo el país respecto a sus actitudes frente a:

- La *equidad de género y de raza,* respecto a la *bondad,* la *inteligencia,* la *fortaleza* y la *honestidad.*

- La *tolerancia* ante la *diversidad racial,* la *diversidad religiosa* y la *diversidad de ideas.*

- La *autoridad* ante el comportamiento injusto (sumisión o protesta-diálogo).

Con esta caracterización se levantó un *perfil* inicial general de la población infantil del país que sirvió de referencia para las reflexiones en los talleres de los estudios de caso y servirá para analizar el impacto logrado con la propuesta educativa después de su implementación en doce centros educativos de seis regiones del país.

La muestra de los 5.345 niños y niñas fue seleccionada a través de un proceso de muestreo aleatorio estratificado, garantizando la representatividad de las diversas regiones, las zonas rural y urbana, el tamaño de los municipios (grandes, medianos y pequeños) y el sexo de los niños y niñas. Los datos básicos para la elaboración del perfil fueron recogidos en el contexto de la investigación: «Evaluación del programa de Actividades Juveniles e Infantiles Cuclí-Cuclí realizada por el *CINDE* para Colciencias en 1996.

En la etapa correlacional, se profundizó la caracterización del fenómeno de las actitudes de tolerancia de los niños y niñas estableciendo correlaciones que permitieron analizar el *comportamiento de los perfiles por región,* en los contextos rurales y urbanos, en los *sectores de alta incidencia de la violencia* y en aquellos en los cuales se registran los índices más bajos, etc.

Esta etapa se consideró complementaria a la primera en cuanto permitió establecer especificidades necesarias a la hora de analizar el impacto de la propuesta educativa y aportó elementos importantes a los proyectos de educación y desarrollo que se están adelantando en los contextos particulares.

Segunda fase: estudios de caso sobre imaginarios y valoraciones en torno a la violencia y al comportamiento violento en grupos de niños y niñas.

Para el desarrollo de esta fase, se seleccionaron 12 grupos de niños y niñas pertenecientes a escuelas de sectores populares y de alto riesgo. Cada grupo está conformado por aproximadamente *treinta niños y niñas* entre los 11 y los 12 años. En cada grupo, se seleccionaron, además, dos profesores y, en algunos casos, padres de familia que vienen sirviendo de facilitadores en el proceso de los niños y niñas.

En esta segunda fase, se realizaron tres talleres por grupo y una entrevista a cada uno de los profesores y padres de familia que actuaron como facilitadores. En estos talleres, se recogió información cualitativa y se reflexionó en torno a las *actitudes* de los niños y niñas frente a la *equidad* de género y de raza; la *tolerancia* ante las diferencias de religión, de raza y de ideas; y la *autoridad* ante el comportamiento injusto, buscando relacionar dichas actitudes con:

*   Los *imaginarios* que los niños y niñas, los maestros y los padres de familia tienen en torno a: la *violencia* y la *paz* ; la *vida* y la *muerte,* el *Sí mismo* y el *nosotros.*

*   Los *valores* del *respeto*, la *responsabilidad individual y social* y la *justicia*.

La metodología de los talleres tuvo un carácter eminentemente participativo y lúdico, adaptado a las características y al potencial de los niños y niñas. En ellos se usaron técnicas cualitativas que permitieron recoger la expresión simbólica y cultural de estos fenómenos.

Aplicando técnicas cualitativas de análisis de contenido sobre los resultados de estos talleres, se está configurando una expresión del fenómeno de la violencia en los niños y niñas y de su potencial para la construcción de la paz.

Tercera fase: propuesta educativa para la construccion de una cultura de la paz, diseñada por los niños y niñas para los niños y niñas.

El diseño de la propuesta se realizó a través de una serie de tres talleres, dos con los grupos focales y uno de carácter nacional. Los dos talleres focales se realizaron con los mismos grupos de niños y niñas, en los cuales se desarrollaron los estudios de caso, quienes desempeñaron el rol de *protagonistas* del proceso; dos docentes, y en algunos casos, padres de familia que sirvieron de facilitadores del proceso junto con el equipo de investigación. Los talleres mantuvieron su naturaleza participativa y lúdica.

En estos talleres, se presentaron los resultados de las fases anteriores y se propició un análisis crítico de ellos entre los propios niños y niñas. Con base en dicho análisis, se buscaron, a través de estrategias de creatividad colectiva, alternativas educativas encaminadas a la *construcción de la paz*, coherentes con las propias culturas y con el potencial de los grupos. Se trató, fundamentalmente, de estrategias innovadoras de educación para construir

190

la paz, diseñadas por parte de los propios *niños y niñas para los niños y niñas.*

Para el diseño de la propuesta los niños y niñas, precisaron el diagnóstico; se plantearon los futuros deseados en el campo de la construcción de paz en la escuela y en sus relaciones con el entorno; se determinaron las metas que podrían ir logrando cada uno de los meses en que iban a aplicar la propuesta; se identificaron las acciones que podrían realizar para el logro de dichas metas y se programó su desarrollo. Se eligieron los niños y niñas que representarían a la escuela en el foro de los niños y las niñas por la paz y se trabajó con mucha creatividad, preparándose para presentar el resultado de su labor en el Foro.

El tercer taller, de carácter nacional se desarrolló durante una semana en la ciudad de Manizales con tres niños y niñas representantes de cada grupo focal (36 en total), quienes fueron acompañados por uno de los adultos que han servido de facilitadores en el proceso (maestro o padre de familia) seleccionado por los propios niños y niñas. En dicho taller, cada grupo compartió el resultado de las reflexiones hechas en su grupo y las alternativas de trabajo educativo diseñadas.

Este tercer encuentro, se constituyó en un foro nacional de los niños y niñas por la paz. Dado que el diseño y la aplicación de estas propuestas regionales, además de la intención de propiciar mejores escenarios para la construcción de paz en la vida cotidiana de las escuelas, tienen como finalidad la validación de una propuesta educativa, que recoja la riqueza de lo trabajado en cada región y pueda proponerse para su diseminación en contextos más amplios, fue muy importante llegar a ciertos lineamientos comunes que ayudaran a dos cosas: por una parte, a articular la riqueza de acciones propuestas por los niños y niñas en cada región, y por otra, a posibilitar su validación en esta experiencia piloto. De esta manera, los niños y niñas, después de analizar las propuestas de cada grupo construyeron una propuesta común, en su núcleo central, con algunas particularidades regionales. El Taller tuvo un carácter eminentemente participativo, lúdico y cultural y concluyó con un festival artístico de los niños y niñas participantes en el que se pudieron socializar a través de la pintura, la música, la danza y los títeres, sus propias formas simbólicas para expresar la paz. Este festival fue denominado por los niños y niñas: La Fiesta de la Paz.

Como resultado de este tercer taller, se realizó una sistematización hecha con participación de los niños y niñas, los facilitadores y el equipo de investigadores, cuyo producto fue un manual sencillo que contiene los lineamientos para la implementación de la propuesta en cada grupo participante, el cual se ha constituido en la herramienta básica para orientar el trabajo de los niños y niñas líderes y de sus adultos acompañantes (facilitadores) en la puesta en marcha de la propuesta educativa en cada una de las escuelas o grupos participantes.

Cuarta fase: puesta en marcha de la propuesta educativa para la construccion de la paz, diseñada por los niños y niñas para los niños y niñas, en cada una de las siete escuelas participantes.

Los niños y niñas líderes representantes regresaron a cada escuela o grupo y, con el apoyo de los maestros y padres facilitadores así como con la ayuda del manual resultante del Taller Nacional y la asesoría del equipo de investigación, organizaron la puesta en marcha de la propuesta educativa para la construcción de la paz diseñada por niños y niñas para niños y niñas involucrando a todos los participantes en los estudios de caso y en los talleres grupales o focales.

Como acción inicial, fue importante la aplicación de la prueba de actitudes, imaginarios y valores a los niños y niñas en el grupo en el que fueron realizados los estudios focales, quienes continuarían ahora con la Fase de aplicación. La prueba sirvió como una segunda línea de base para validar la propuesta aplicada (la primera está dada, a nivel cuantitativo, por el perfil nacional, y, a nivel cualitativo, por la información recogida en los tres talleres inciales).

La propuesta se viene aplicando en cada escuela o grupo participante, liderada por los niños y niñas y sus facilitadores. Durante este tiempo, el equipo de investigación ha desempeñado un papel de: asesoría a los niños y niñas líderes y a los padres y maestros facilitadores; seguimiento de los procesos en campo; sistematización del proceso vivido en cada escuela, con participación de los actores principales (niños y niñas y facilitadores), asesoría y seguimiento canalizados a través del asistente regional de investigación.

El proceso de asesoría y seguimiento se viene haciendo a través de visitas de los investigadores a la escuela o grupo, entrega de guías y materiales de apoyo para el trabajo de cada mes y recolección sistemática (por parte del investigador) de todo el material que va resultando como producto de la aplicación de la propuesta educativa en cada escuela o grupo. El equipo central de la investigación está sistematizando la información recogida en cada una de las escuelas o grupos y enviando los materiales de trabajo requeridos para el trabajo de cada mes a través de uno de los investigadores.

Quinta fase: evaluación del impacto de la propuesta educativa para la construcción de la paz, diseñada por los niños y niñas para los niños y niñas" en las actitudes, los imaginarios y los valores de los niños y niñas participantes

Se evaluarán, en todos los niños y niñas, así como en los facilitadores participantes en el proceso, las evoluciones que puedan observarse como resultado de la implementación de la propuesta educativa durante seis meses en:

- Las actitudes frente a: la igualdad de género respecto a la bondad, la inteligencia, la fortaleza y la honestidad ; la igualdad de raza respecto a la bondad, la inteligencia, la fortaleza y la honestidad; la tolerancia ante las diferencias de raza, religión e ideas y la autoridad ante el comportamiento injusto.

- Los imaginarios que los niños y niñas, los maestros y los padres de familia tienen en torno a la Violencia y la paz, la vida y la muerte, el sí mismo y el nosotros

- Las valoraciones frente al respeto, la responsabilidad individual y social y la justicia.

Para la evaluación del impacto logrado, se usará un instrumento paralelo al que se aplicó en la primera fase.

Con los niños y niñas participantes y los facilitadores, se hará una evaluación de la propuesta educativa y se propondrán correcciones posibles que pudieran mejorarla y llenar algunos de los vacíos detectados. Además, se recogerá dentro de los participantes, ideas que se deberían tener en cuenta en el momento de diseminar esta propuesta en contextos más amplios. En esta fase final, se recogerá la sistematización que se ha venido haciendo a lo largo del proceso, para derivar de ella las lecciones aprendidas y los lineamientos que puedan servir para replicar dicha propuesta, mejorada y corregida desde los aprendizajes y experiencias regionales, a poblaciones más amplias.

Con base en el análisis del impacto logrado, el resultado de las evaluaciones de los participantes y las sugerencias para su replanteamiento y diseminación, se introducirán los correctivos necesarios a la propuesta educativa y el equipo central de investigación diseñará la forma de hacer una implementación más amplia a través de entidades como las secretarías de educación.

Instrumentos usados en la investigación

- Escala de actitudes frente a la equidad, la tolerancia y la autoridad utilizada en la investigación: "Evaluación del programa de Actividades Juveniles e Infantiles Culí-Cuclí realizada por el CINDE para Colciencias en 1996.

- Instrumento paralelo a la escala de actitudes, imaginarios y valores para la medición del impacto de la propuesta educativa.

- Guías de taller para los estudios de caso :
  –Orientación del taller.
  –Recolección de información en torno a imaginarios
   y valores.

- Manual de trabajo y guías de orientación para los asistentes de investigación regionales.

- Guías para talleres regionales:
  –Orientación del trabajo de devolución de resultados
     del perfil y de los estudios de caso.
  –Orientación del trabajo de diseño de la propuesta
     educativa.
  –Registro de información de los resultados del taller.

- Guía para el taller nacional:
  –Orientación del trabajo para:
      • Presentar resultados regionales.
      • Selección y rediseño de la propuesta educativa.
      • Festival artístico de los niños y niñas.
  –Registro de información y resultados.

- Manual de la propuesta educativa y guías de orientación para el trabajo mensual en cada escuela.
- Hojas de registro para el seguimiento en las escuelas.

- Instrumentos de evaluación de la implementación de la propuesta educativa para niños y niñas y facilitadores.

LA PROPUESTA EDUCATIVA ORIGINADA EN EL PROYECTO

Lineamientos conceptuales generales, base de la propuesta educativa:

Primer supuesto: Los procesos de construcción de paz tienen a su base la formación del Sujeto a nivel de sus actitudes, valores e imaginarios.

a. Algunas actitudes que explican el comportamiento pacífico y la construcción de los escenarios que posibilitan las interacciones de paz son:

- Una actitud positiva frente a la equidad de genero respecto a la bondad, la inteligencia, la capacidad, la imagen, la honestidad, los derechos...

- Una actitud positiva frente a la equidad de raza respecto a la bondad, la inteligencia, la capacidad, la imagen, la honestidad, los derechos...

- Una actitud de aceptación y diálogo activo frente a la diversidad racial, la diversidad religiosa y la diversidad de ideas.

- Una actitud crítica frente al comportamiento injusto por parte de la autoridad.

b. Algunos valores que están a la base del comportamiento ético y moralmente autónomo, y por ende de la convivencia pacífica, son:

196

- El valor más importante es el de la justicia social, fundamentada en la equidad. No es posible la paz en condiciones de inequidad social, educativa, de género, de raza, etc... La justicia social implica la igualdad de oportunidades para el desarrollo del potencial humano como ser individual y como ser social, para el desarrollo de las culturas y de su resignificación...

- Otro valor fundamental a la hora de pensar el comportamiento pacífico es el del respeto, entendido como la posibilidad de reconocimiento mutuo entre todos, de aceptación activa de las diferencias, de diálogo activo ante el disentimiento... Respetar *no* es obedecer ni desarrollar un comportamiento sumiso ante aquello en lo que no se cree, por más que aquello en lo que no se cree esté representado en la autoridad.

- El tercer valor que está a la base de las interacciones pacíficas es la responsabilidad individual y social, cuyo fundamento es la aceptación de sí mismo, la confianza en sí mismo y en los otros y la solidaridad con el otro como persona y ante los otros como grupos sociales que representan distintos intereses. Ser responsable no es cumplir de la forma exacta como quien representa la autoridad espera que yo cumpla... es comprometerme con la construcción de proyectos comunes... No es aceptar y cumplir normas externas... es apropiarme de aquellos acuerdos logrados en el consenso y comprometerme en su construcción.

c. Algunos imaginarios aprendidos en el curso de la socialización primaria y consolidados en la socialización secundaria, fundamentalmente en la escuela y a través de los medios de comunicación, que están a la base del comportamiento y la convivencia violentos y que tienen que hacer resignificaciones importantes para el desarrollo del comportamiento y la convivencia pacíficos, son:

Imaginarios de la muerte, la violencia y el individualismo que permean la mirada de los niños y niñas frente a sí mismos y frente a su entorno, como expresión más cercana y clara del futuro, y enmarcan el comportamiento de los niños y niñas frente al conflicto, frente al uso del tiempo libre, frente al manejo del afecto y la relacion con los otros, frente a la construcción de institucionalidad a cualquier nivel.	 Transición hacia: 	*Imaginarios de la vida, la paz y la conciencia de ser parte de los otros en cuanto a humanos* como potencial de esperanza y de posibilidad creadora frente a utopías y mundos posibles, como posibilidad de crear soluciones alternativas frente al conflicto, como condición necesaria para recuperar los sueños y la opción de construcción futura, frente a la angustia y la frustración que caracterizan la mirada ausente de futuro, como posibilidad de desarrollar el potencial para crear y recrear cultura, crear y circular la ciencia y el conocimiento, crear y usar la tecnología, reconocer e interactuar creativamente con la naturaleza.

Segundo supuesto: Trabajar estos procesos formativos de actitudes, valores e imaginarios en el aula o desde el aula implica afectar diversas esferas de la vida escolar: Es importante desarrollar acciones articuladas al currículo regular de la escuela, desarrollar acciones específicas e intencionadas orientadas a la formación de los niños y niñas e introducir transformaciones significativas en el ethos cultural: en la organización escolar, en los imaginarios que circulan en la escuela y en la forma como la escuela se relaciona con el entorno. Toda acción, en cualquiera de estas tres esferas, debe estar orientada al desarrollo del potencial humano de todos los actores implicados: Niños y Niñas, profesores y profesoras y padres y madres de familia. (Véase gráfica n°. 1)

Tercer supuesto: El trabajo orientado al desarrollo del potencial humano en los procesos de construcción de paz desde escenarios educativos, y fundamentalmente desde la escuela, implica impactar de manera importante, tres esferas del potencial de los niños y las niñas que son el fundamento del comportamiento ético y de las interacciones basadas en principios de paz:

• Su potencial afectivo, es decir, su capacidad de reconocimiento a sí mismos y a los otros y por ende, el desarrollo de un autoconcepto sano, positivo y realista que les permita amar y ser amados.

• Su potencial creador y, por tanto, su desarrollo cognitivo, su capacidad de identificar problemas en el área física, social, lógico-matemática, en la vida cotidiana, etc. y de encontrar soluciones alternativas, inteligentes, humanas, de manera creativa.

• Su potencial moral y ético y, por tanto, el desarrollo de sus valores, el desarrollo de una moralidad autónoma que tenga como referencia, para el comportamiento de cada uno, no las normas aceptadas o impuestas en contextos culturales particulares o legitimadas desde la autoridad, sino, por el contrario, los principios universales de justicia, respeto, dignidad humana, libertad, diálogo activo, responsabilidad social.

Cuarto supuesto: El desarrollo de estas esferas del potencial humano sólo puede darse en contextos de interacción cotidianos caracterizados por la no violencia activa, por el reconocimiento a sí mismos, a los otros, por el reconocimiento a nuestra propia humanidad y a la necesidad de hacernos más humanos cada día.

Es en los vacíos en el desarrollo del potencial creador, el potencial afectivo y el potencial ético donde se encuentran las raíces del comportamiento violento: el robo, las peleas, el uso de armas, la droga, la burla, etc.

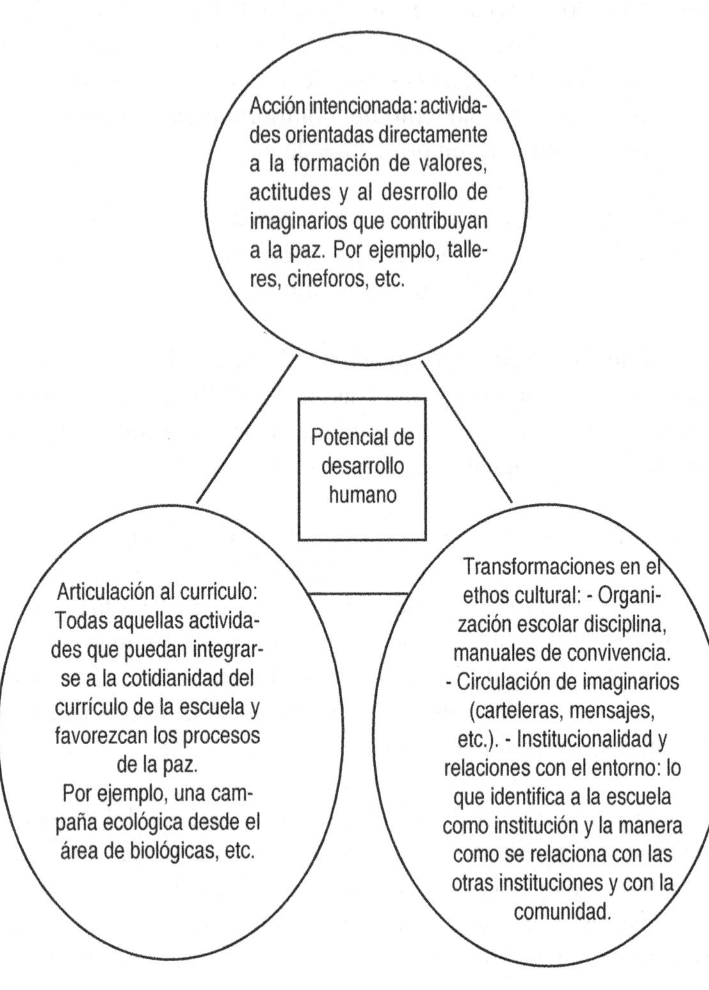

Gráfica n° 1: Esferas de la vida escolar que deben ser impactadas en un proceso de formación de valores.

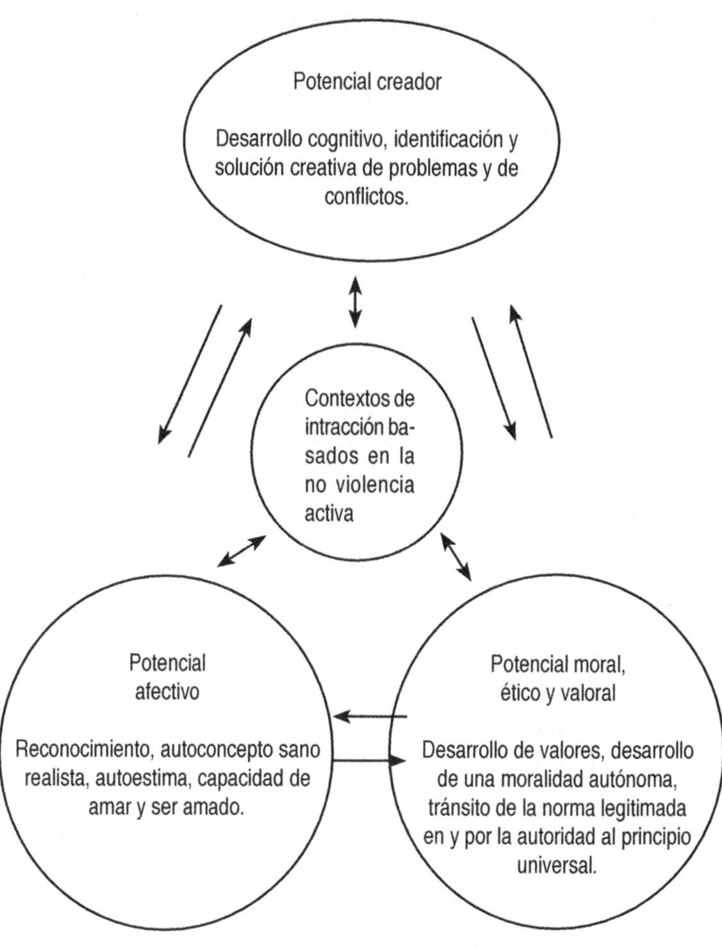

Gráfica nº 2: Contextos de intracción de las diversas esferas
del desarrollo humano

Criterios metodológicos acordados para la puesta en marcha de la propuesta educativa

- Es muy importante privilegiar la acción cooperada sobre las acciones basadas en la competencia. Es decir, que una propuesta que trabaja por la paz deberá tratar de usar poco el premio y el castigo como reforzadores externos. Deberá, en tal sentido, propiciar la reflexión sobre la cooperación y sobre el gusto que podemos encontrar en tener proyectos comunes y logros colectivos. Las motivaciones deben estar al interior del sujeto.

- Resulta de gran importancia privilegiar la acción continuada, la acción permanente y de impacto en el tiempo, sobre las acciones episódicas y fragmentadas, que no garanticen un proceso continuo.

- Es muy importante superar la expresión externa del fenómeno en los diagnósticos. Hay que tratar de articular dichas expresiones en sus raíces un poco más profundas, de manera que al diseñar acciones no se ataquen solo los "síntomas" del problema, sino se vaya un poco más hondo a atacar la "enfermedad".

- Es muy importante diferenciar la formulación de intenciones o futuros deseados de las acciones reales concretas, que en un tiempo y un espacio específico se van a desarrollar para lograr esos futuros deseados.

- Es importante articular el diagnóstico en tres grandes categorías o raíces que están a la base de los problemas de la violencia en la escuela, pensados desde los niños y las niñas:

202

*   Problemas en la autoestima y en el autoconcepto, que se generan fundamentalmente por la falta de reconocimiento, por la falta de relaciones afectivas que hagan que los niños y niñas puedan sentirse seguros. Aquí se ubican expresiones del fenómeno como: las peleas, los apodos, etc.

*   Problemas en la capacidad creadora, que impiden que los niños y niñas sepan identificar y resolver los problemas y los conflictos de manera creativa, viéndose abocados a formas primarias de resolución de conflictos como el llanto, el golpe, el grito, etc., todas ellas formas muy violentas. Aquí se ubican expresiones del fenómeno como: la destrucción del medio, la apatía, los golpes, etc.

*   Problemas en el proceso de construcción *valoral* moral y ética, que impide el desarrollo de la equidad, la solidaridad y el reconocimiento, como cimientos fundamentales de los valores universales del respeto, la justicia y la responsabilidad social.

•   Es importante articular el futuro deseado, a nivel de metas a conseguir en cada mes y objetivos para el semestre, en tres grandes categorías que posibilitan el desarrollo del potencial humano, y dentro de él, el desarrollo del comportamiento ético y por ende, pacífico de los niños y niñas: El desarrollo del potencial de afecto, el potencial creador y el potencial moral, ético y *valoral*.

Potencial de afecto: Aquí se ubican los objetivos y metas orientados al fortalecimiento del autoconcepto, de la autoestima, al desarrollo de la capacidad de reconocimiento de sí mismo y del otro. Estas potencialidades están a la base de la formación de las actitudes de:

- Equidad de género y de raza.

- Aceptación activa de las diferencias de religión, raza, género, grupo social e ideas.

- Crítica frente al comportamiento injusto de la autoridad.

Sin estas actitudes no es posible desarrollar un comportamiento y unas interacciones no violentas.

Potencial creador: Aquí se ubican todas aquellas intencionalidades orientadas a desarrollar en los niños y niñas:

- La capacidad de identificar problemas y soluciones alternativas a ellos.

- La capacidad innovadora para el manejo de la vida cotidiana y del mundo físico y social.

- El fortalecimiento en los procesos de transición entre imaginarios caracterizados por la muerte, la violencia y el individualismo, hacia imaginarios caracterizados por la vida, la paz y la mirada colectiva en torno a lo humano.

Potencial moral, ético y valoral: Aquí se ubican los objetivos y metas orientados a la formación *valoral;* al desarrollo de los valores de la justicia, el respeto y la responsabilidad individual y social, que están a la base del comportamiento solidario y equitativo, es decir, del comportamiento ético, del comportamiento y las interacciones pacíficas.

- Se enfatiza la necesidad de metas y objetivos realistas, que no frustren a los niños y las niñas. Cosas precisas en las que ellos y ellas puedan ver el avance. Es decir, hay que tratar de superar la visiones de paraiso, porque así no es la vida. No podemos anular del conflicto... pero si la manera de enfrentarlo. Por ejemplo, avanzar de la pelea al diálogo en la resolución de los conflictos en el aula, etc.

ELEMENTOS COMPONENTES ARTICULADORES DE LA PROPUESTA EDUCATIVA

Las acciones se articulan alrededor de tres grandes ejes estratégicos:

*   Talleres formativos semanales.
*   Articulación al currículo en una o más áreas.
*   Una gran campaña por la paz que concluya en un evento amplio con participación de los diferentes sectores de la comunidad educativa.

1. LOS TALLERES FORMATIVOS

Estos talleres se desarrollan en un tiempo fijo establecido para cada semana, de unas dos horas de duración, para un total de catorce talleres en el semestre, realizados de acuerdo con la secuencia que aparece en la siguiente página. Estos talleres tienen como objetivos básicos los siguientes:

*   Desarrollar un proceso de formación de actitudes, valores e imaginarios de las niñas y niños participantes, que contribuya al avance de su potencial afectivo, de su potencial creador y de su potencial ético, moral y *valoral*.

*   Hacer con los niños y las niñas un proceso de seguimiento, evaluación y replaneamiento permanente de la propuesta educativa, de manera que puedan introducirse de manera oportuna los redireccionamientos necesarios.

SECUENCIA DE LOS TALLERES DE FORMACIÓN				
Objetivos	Desarrollo del potencial afectivo	Desarrollo del potencial ético y moral	Desarrollo del potencial creador	Liderando nuestra propuesta
Primer mes	Taller 1 Construyendo un autoconcepto sano: aprendiendo a descubrirnos	Taller 2 Construyendo nuestros valores: ¿cómo vivir el respeto?	Taller 3 Desarrollando nuestro potencial creador: juega y aprende a pensar 1.	Taller 4 Liderando nuestra propuesta educativa: ¿cómo vamos?
Segundo mes	Taller 5 Construyendo un autoconcepto sano: aprendiendo a querernos	Taller 6 Construyendo nuestros valores: ¿cómo vivir la responsabilidad individual y social?	Taller 7 Desarrollando nuestro potencial creador: juega y aprende a pensar 2.	Taller 8 Liderando nuestra propuesta educativa: ¿cómo vamos? ¿qué debemos redireccionar?
Tercer mes	Taller 9 Construyendo un autoconcepto sano: aprendiendo a querer a otros	Taller 10 Construyendo nuestros valores: ¿cómo vivir la justicia social y la equidad?	Taller 11 Desarrollando nuestro potencial creador: juega y aprende a pensar 3.	Taller 12 Liderando nuestra propuesta educativa: ¿Estamos logrando lo que nos habíamos propuesto? Por qué?
Cuarto mes	Taller 13 Construyendo un autoconcepto sano: somos comunidad educativa, somos escuela.	Taller 14 ¿Qué construimos en esta aventura educativa? Evaluación final del trabajo de todo el semestre.		

- Los talleres tienen un carácter lúdico, articulando diversas formas de juego y arte.

- En ellos, se privilegian estrategias de cooperación y de participación, permitiendo a los niños y niñas vivirlos como sus espacios propios.

- En todos los casos, los talleres están orientados al desarrollo humano.

2. Articulaciones al currículo

Dentro de las diferentes áreas del currículo regular se pueden implementar procesos orientados al desarrollo del potencial creador, del potencial afectivo y del potencial ético, moral y *valoral* de los niños y las niñas. Dichos procesos varían en las distintas escuelas, dependiendo de múltiples factores del contexto, de los planes de área, del proceso curricular, etc. Las articulaciones se hacen en un proceso que incluye tanto los contenidos como las actividades y las formas de evaluación:

Algunas ideas en el campo de la articulación

En español y estética, todas aquellas formas que permitan a través del lenguaje, la expresión y reconstrucción de imaginarios como la Vida, la paz, el sentirse humano, etc.; o desde las cuales puedan formarse actitudes y valores base del comportamiento e interacciones pacíficas. En biológicas, todas aquellas formas que lo permitan a través de la observación, la experimentación, la construcción y transmisión de conocimiento científico. En sociales, todas aquellas formas que lo permitan a través del análisis de la realidad, la investigación social, la comprensión del entorno, etc.

La evaluación ha sido la principal herramienta de la institución escolar para usar el poder, casi siempre de una manera no democrática. Ha sido usada como una forma de imponer la autoridad y ejercer control social para el cumplimiento de las normas, para lograr la obediencia y el comportamiento sumiso de los niños y las niñas. En el sentido de lo anterior, la evaluación ha perdido su verdadero sentido: identificar los vacíos conceptuales, los logros del aprendizaje, la evolución de un proceso, los alcances no esperados, los escenarios requeridos para una interacción positiva entre profesores y profesoras, niños y niñas. La evaluación usada como herramienta de poder, es quizá el factor que genera mayor violencia en la escuela, en la medida en que fomenta imaginarios, actitudes y valores contrarios a la construcción democrática y a la construcción de paz. La evaluación usada como herramienta de poder genera miedo, agresión, falta de reconocimiento, problemas de autoestima, mentira, deshonestidad, etc. Dentro de la propuesta educativa se trabaja entonces por una evaluación orientada al desarrollo humano, y no al control y el ejercicio del poder

3. Gran campaña por la paz

Esta es una estrategia que se compone de muchas acciones orientadas a impactar el *ethos* cultural de la escuela, a través del impacto a sus actores y a sus relaciones con el entorno, a través de imaginarios de construcción de paz.

Las acciones de cada mes están articuladas a un valor específico, trabajado en los talleres: respeto y reconocimiento; resposabilidad social e individual y solidaridad; justicia y equidad, respectivamente.

Las acciones de la campaña son:

*   Carteleras alusivas al valor trabajado.

*   Taller mensual con profesores, socializando el trabajo del mes.

- Taller mensual con padres de familia, socializando el proceso vivido en el mes respecto al valor específico que se está trabajando.
- Videoforo para interpretar, desde la imagen, el valor respectivo.

- Acción de proyección social de la escuela a la comunidad local.

- Actividad artística que se prepara durante el semestre y concluye en el Festival de la Paz.

Base metodológica de la reconstrucción cualitativa del presente estudio

El presente estudio parte del supuesto metodológico de la necesaria vinculación entre investigación cualitativa y estilo hermenéutico de aproximación a los fenómenos sociales y culturales, que busca la comprensión de su sentido a partir de una lógica articulada en procesos de vivencia, objetivación e interpretación.

El lenguaje, como reproducción simbólica del mundo de la vida en sus estructuras fundamentales, tiene muy diferentes manifestaciones en el espacio de la comunicación humana: la expresión verbal; las acciones que realizan, en la vida cotidiana, los grupos humanos; la corporalidad misma; que se expresa en una gran riqueza de posibilidades gestuales; las expresiones culturales que adquieren vida en un rito o en un canto; las formas cotidianas de interacción en los escenarios públicos o en el espacio de la privado...

El lenguaje, como reproducción simbólica del mundo de la vida en sus estructuras fundamentales, se constituye, así, en expresión de un texto social, de una objetivación que encierra el sentido de las vivencias que le dieron origen. Es un sentido oculto que requiere ser desentrañado. Es un texto que requiere ser interpretado.

Todo texto o práctica cultural no puede ser comprendido de manera aislada, tiene que interpretarse ligado al todo. En este sentido, los investigadores tendrán que dar cuenta del marco histórico, social y cultural en el cual el texto social fue producido. Sólo desde allí podrán desentrañar y reconstruir el sentido oculto en el texto.

La interpretación que busca reconstruir el sentido de las vivencias de un grupo humano sólo puede lograrse en el espacio de la participación discursiva, argumentativa y crítica, en el espacio de la acción comunicativa que permita el diálogo de saberes y de valoraciones culturales, la contextualización y recontextualización de experiencias; esta participación, al mismo tiempo que permite la reconstrucción del sentido del texto, contribuye en la clarificación del propio sentido de las vivencias del investigador.

En el sentido de lo anterior, en esta investigación, aún inconclusa, se parte de las vivencias de los grupos objetivadas en textos sociales; en segundo lugar, se explicita como el sentido que se intenta reconstruir está oculto en el texto, por lo que requiere de un proceso de interpretación (reconstrucción hermenéutica); en tercer término, se argumenta la necesidad de referir las vivencias y sus objetivaciones al todo que las *contextúa* y, en cuarta instancia, se aclara cómo la reconstrucción de sentido sólo puede darse en procesos de acción comunicativa que implican la participación discursiva del investigador, quien debe tomar posición frente a las pretensiones de validez que los actores sociales asignan a las argumentaciones que dan a sus propias vivencias y aprender a distinguir su propia comprensión *contextual* de la de los actores sociales en el entramado de las vivencias objetivadas.

En el estudio, se ha seguido un camino posible entre muchos otros caminos, un proceso lógico, para enfrentar, la reconstrucción de sentido de este complejo texto social, que explicita la intencionalidad de comunicación de los actores sociales en sus vivencias; proceso en el que se puso en juego una perspectiva valorativa y significativa, ya que todo hecho social puede dar origen a múltiples reconstrucciones e interpretaciones que no tienen pretensión de ser únicas y verdaderas; se constituyen en parte de la verdad vista desde una mirada que siempre será provisional, precisamente por ser histórica.

Este proceso de investigación cualitativa articulado en un método interpretativo, hermenéutico, comprensivo, tiene un carácter de espiral desplegado en tres grandes fases: la descripción, la interpretación, y la constitución de sentido o fase de construcción teórica.

Fase de descripción

Esta fase tiene como punto de partida una serie de interrogantes generales sobre la intencionalidad de comunicación de los actores sociales frente a determinadas vivencias; las maneras particulares que asumen estos interrogantes de entrada dependen de la propia experiencia de los investigadores, de las comprensiones previas sobre el fenómeno social, de la teoría acumulada en torno al entramado social y cultural que contextúa el fenómeno que se quiere interpretar.

Estos interrogantes iniciales orientaron las primeras aproximaciones al grupo humano, a las prácticas, a los textos sociales, dando las pautas para la definición tanto de la estrategia particular de trabajo (caracterizada por la participación discursiva) como de los instrumentos que guiaron la recolección de información; retomando lo evidente y lo no evidente, lo consensual y lo contradictorio, lo repetitivo y lo diferente, lo público y lo privado, tratando de identificar aquellos detalles que se fueron constituyendo en pistas para el diálogo.

La información así recogida se mostró como una serie de elementos inconexos, sin sentido, desarticulados; como un conjunto de datos enfrentados con una mirada crítica que permitió empezar a construir una coherencia. Para ello, se encontraron las tendencias que en términos descriptivos, permitieron, progresivamente, identificar y llenar de contenido las categorías que vienen sirviendo de eje al ordenamiento de la información, a la construcción de argumentos descriptivos.

A la identificación de tendencias y categorías se llegó mediante un proceso de abstracciones sobre las propias evidencias, lo que permitió mirar aquellos aspectos que se consideraban como ajenos al fenómeno, como elementos constitutivos o en relación con el mismo; ésto, a través de la identificación, reconocimiento o construcción de familiaridades, cercanías, similitudes.

Los argumentos elaborados fueron sometidos a la criba de la crítica y a procesos de autorreflexión, en los que los actores sociales pudieron avanzar de estadios de total extrañeza frente a los argumentos construidos hacia estadios en los que se sintieron parte y se autorreconocieron en ellos; de igual manera los argumentos han ido experimentando reestructuraciones que van avanzando desde la coherencia inicial dada por los investigadores hasta la coherencia que expresan los actores sociales en un proceso de diálogo de saberes.

Este proceso de replanteamiento de los argumentos descriptivos y de búsqueda de autorreconocimiento en ellos por parte de los actores sociales, se viene viviendo en procesos sistemáticos de confrontación de los que se va derivando la aparición de nuevos interrogantes, el replanteamiento de otros, la necesidad de nuevas estrategias e instrumentos de aproximación al fenómeno o texto social, etc. Todo esto en movimientos circulares que concluyen con un consenso en torno a algunos argumentos que pueden dar origen al planteamiento de ciertas hipótesis iniciales, lo que implica un salto cualitativo a la segunda fase.

Fase de interpretación

La interpretación es el proceso que permite la reconstrucción teórica, la recontextualización del fenómeno, el desligue del fenómeno (como vivencia) de su objetivación (como texto, como representación simbólica) para que el propio actor social pueda reconstruir esta relación, superando el camino del extrañamiento que le ha impedido reconocerce en dicha objetivación.

El proceso de interpretación está caracterizado por la búsqueda permanente de relaciones que puedan ser expresadas en hipótesis cualitativas; relaciones que encuentran su origen en constataciones previas y se constituyen, al mismo tiempo, en fuente de nuevas constataciones.

Lo enunciado le da un carácter circular a este proceso interpretativo que implica un movimiento del todo a la parte incomprendida, y de ésta al todo. La parte sólo puede ser comprendida en el contexto de la totalidad de la vida de una cultura; cultura que a su vez se recrea desde las nuevas miradas a la parte, desde los nuevos sentidos reconstituidos.

En la construcción de hipótesis cualitativas, se van planteando relaciones entre las diferentes tendencias identificadas, entre las categorías, entre los propios argumentos descriptivos, entre éstos y la totalidad social y cultural. El sentido y la dirección de dichas relaciones (hipótesis) son necesariamente valorativos, dependen de aquello que los investigadores tematicen de la realidad como significativo. Las hipótesis planteadas y que orientan la reconstrucción del sentido tienen que ser sometidas a confrontación y constatación en espacios de comunicación, de crítica, de autorreflexión, tanto en procesos participativos e interactivos con los propios actores sociales como en procesos de argumentación racional en las comunidades académicas que han venido construyendo otros puntos de vista sobre el fenómeno.

El planteamiento y replanteamiento de relaciones y su búsqueda de constatación van permitiendo la configuración de un sistema de hipótesis articuladas desde una coherencia estructural, a partir del cual se está en capacidad de elaborar ciertos argumentos interpretativos que, resistiendo la crítica de los intelectuales y posibilitando espacios de autorreconocimiento por parte de los actores sociales marcan el paso para dar un salto cualitativo a la tercera fase.

Fase de constitución de sentido y de construcción teórica

En esta fase, se concluye el ciclo hermenéutico con *una mirada* sobre el fenómeno, mirada que explícita *un argumento de sentido, una comprensión global* sobre la parte incomprendida de la que se intentó dar cuenta a través de un proceso de investigación cualitativa.

Esta fase que articula sus argumentaciones en ejes de carácter simbólico y abstracto se desliga de lo empírico del fenómeno que le dio origen, conservándolo en el nivel de sus representaciones. Solo allí puede adentrarse en el terreno de la inferencia que totalice una visión *paradigmática, semántica y pragmática* del sentido reconstituido frente a un fenómeno social o cultural.

Paradigmática en cuanto refiere a las múltiples relaciones que expresan una manera particular y valorativa de mirar el fenómeno; *semántica* en cuanto refiere al problema de la constitución de significado global; y *pragmática* en cuanto vincula de manera simultánea los anteriores elementos con los problemas del sentido de la existencia, la forma de ser y de expresarse del fenómeno en cuestión. Como las dos fases anteriores, ésta última se desarrolla en un proceso dialéctico de diálogo permanente mediado por la reflexión crítica, en el que se busquen relaciones de nivel más complejo, más lejanas de la evidencia empírica, asociadas a la inferencia teórica; solo desde ellas se puede lograr la reconstrucción global de un texto social.

En esta fase, se hace imprescindible tratar de develar los «hilos conductores» que articulan y le dan coherencia discursiva a los argumentos interpretativos que marcaron el salto cualitativo de entrada a ella; la identificación de estos hilos conductores es la que permite ir construyendo un entramado de relaciones que progresivamente le van dando una forma particular al texto social que se intenta ir reconstruyendo en un proceso determinado de investigación cualitativa.

El entramado de *proposiciones teóricas* se expresa en nuevos conceptos, en nuevas comprensiones sobre la parte incomprendida, que en este momento empieza a tornarse con *un sentido definido* como *parte en sí,* y en sus vínculos con el *todo* social y cultural.

Para que estos conceptos lleguen a constituirse en una reconstrucción teórica del fenómeno social o cultural que se está investigando, entendido éste como texto social, es necesario establecer entre ellos una coherencia implicativa que permita la elaboración de un *argumento de sentido.* El argumento construído deberá ser sometido a procesos de confrontación y de autorreflexión, hasta que logre resistir la crítica de la comunidad de intelectuales y el reconocimiento de los actores sociales del texto reconstituido.

En esta fase final de confrontación, los investigadores se verán enfrentados al problema de los diferentes tipos de lenguaje entre la comunidad de actores sociales y la comunidad de intelectuales, entre las formas de conocimiento social que expresen la vida cotidiana y las formas de conocimiento científico que permitan la argumentación racional y el diálogo con las comunidades de intelectuales. De esta manera, serán necesarios procesos de «traducción» de los textos sociales reconstruidos, de manera tal que el sentido reconstituido se revele con claridad a los «lectores del texto», que permita la superación del extrañamiento sobre el propio sentido, que reconstruya el camino roto entre las vivencias del actor y su objetivación en el texto social.

Made in the USA
Monee, IL
07 July 2026

56551573R00125